아이의 숨은 능력을 끌어내는
코칭대화

아이의 숨은 능력을 끌어내는

코칭 대화

| 고무라사키 마유미 지음 |

마리북스

작가의 말

아이에게 남겨줄 최고의 선물, 코칭

지금, 당신이 하얀 시트가 깔린 병원 침대에서 죽음을 앞두고 있다고 상상해보라.

당신이 편안하게 눈을 감을 수 없다면? 그건 아마도 아직 어린아이들 때문일 것이다. 그 아이들이 자라는 것을 끝까지 지켜주지 못하고 떠나야 하는 회한 때문에 당신의 가슴은 천 갈래 만 갈래 찢어질 것이다.

하지만 안타깝게도 부모는 아이보다 먼저 떠나게 마련이다. 당신이 떠난 후 아이들이 어떻게 살아가길 바라는가? "엄마 없이도 씩씩하게 잘 살아야 해." 당신이 혼신의 힘을 다해 하고 싶은 말일 것이다. 이처럼 부모는 죽어서라도 자신의 아이들이 세상과 당당히 맞서며 살아갈 수 있도록 도와주고 싶어 한다.

그러나 지금도 수많은 가정에서 부모 자식 간에 의사소통이 제대로 안돼 갈등을 겪거나 아예 대화가 단절된 채 살아가고 있을지도 모른다. 부모가 자식을 사랑하고 자식이 부모를 사랑하는 마음은 서로 간절하지만.

내 어린 시절도 그랬다. 이렇게 서툴고 어색한 모녀 사이가 있을까 싶을 정도로 우리는 참 많이도 싸우고 서로에게 상처를 남기곤 했다. 엄마는 맏이인 내게 자신의 모든 것을 아낌없이 쏟아부었다. 그런데도 내 가슴속에는 엄마를 사랑하는 마음만큼 엄마에 대한 불만도 함께 쌓여갔다. 간혹 그 불만이 점점 커져 작은 불씨 하나만 떨어져도 금세 큰 불이 일어날 듯 위태로울 때도 있었다.

그런 내가 서른이 넘어 '코칭'을 배우게 되면서 우리 모녀 관계를 새로운 시각에서 바라볼 수 있었다. "당신은 어머니와 어떤 관계를 맺으며 살고 싶은가?" "어머니가 무엇을 해주었을 때 기뻤나?" "그때 어머니는 무엇을 진정으로 해주고 싶었나?" "무엇이 되고 싶은가?" 코치에게 이런 질문을 받으면서 그 당시 엄마가 내게 전하려고 했던 진심이 무엇이었는지 확실히 이해할 수 있었다. 그리고 '그때 엄마가 나한테 이렇게 말해줬더라면 좋았을 걸' '그렇게 해주었더라면 좋았을걸' 하는 아쉬움도 함께 밀려왔다.

그때의 엄마와 필자처럼 지금도 수많은 가정에서 부모와 자식이 아옹다옹하며 서로에게 생채기를 내는 시행착오를 반복하고 있을 것이다. 그러다가 자칫 "저놈은 될 놈이 아니야. 떡잎부터 글렀어" 하며 탄식하는 부모도 있을 것이다. 부모의 가슴 저 밑바닥에서는 아이에 대한 사랑이 용솟음치고 있으면서도…….

물론 자녀 교육에 정도는 없다. 하지만 분명 아이에게 더 큰 가능성과 희망찬 미래를 열어주고 의욕적이고 활기 넘치게 살아가게 하는 방법은 있다.

아이가 한 살이라도 어렸을 때, 부모가 그 방법을 터득한다면 아이도 부모도 편안한 관계 속에서 행복한 나날을 보낼 수 있을 것이다. 지금 당신이 시행하고 있는 방법이 아이에게 통하지 않는다면 지금이야말로 '코칭'을 시도해볼 때다.

코칭이란 인간의 성장을 촉진시키는 관계형성법으로 자신의 문제점을 찾기 위해 스스로 생각하고 행동하게 만드는 목적이 있는 대화, 커뮤니케이션 방법의 하나다. 따라서 '자녀교육 코칭'의 전제는 엄마 아빠가 리더가 되어 아이의 삶을 이끌어주는 것이 아니라, 아이 스스로가 자기 인생의 주역이 되어 자신의 장점과 문제점을 스스로 발굴해내고 그것을 헤쳐 나가게 한다는 것이다.

코칭은 1990년대 미국에서 시작되었지만, 일본 사회가 '니트족' 문제로 골머리를 앓으면서 그 해결책의 하나로 일본에서 급성장했다. 무기력하고 누군가에게 지시받지 않으면 움직이지 않는 아이, 자기 힘으로 생각하고 행동할 수 없는 아이, 자기중심적이고 참을성이 없고 사회생활을 제대로 할 수 없는 아이······. 자신의 아이가 이런 '니트족'이 될까봐 우려한 학부모나 교사들 사이에서 '코칭'을 필요로 하는 목소리가 점점 높아졌다. 최근에는 한국에서도 '왕따' '우울증' '성적 비관' 등으로 인한 사회문제가 늘어나고 있다고 들었다. 더욱이 핵가족화가 되면서 자녀 문제를 상담할 곳조차 없는 젊은 엄마들이 발을 동동 구를 때가 한두 번이 아닐 것이다. 이런 경우 코칭이 많은 도움이 될 것이다.

이 책에서는 '코칭대화'라는 엄마와 아이의 커뮤니케이션법을 중심으로 엄마들이 가장 많이 부딪히는 상황들과 그 대책을 소개했다. 코칭의 기본 스킬별로 각 파트를 구성해, '나쁜 대화'를 통해 실생활에서 엄마들이 저지르기 쉬운 실수를 보여준 뒤 '코칭대화' 사례를 이용해 그 상황을 어떻게 끌어가면 좋을지 해결책을 제시하였다.

본문 속의 대화는 수많은 학부모들을 코칭하면서 겪었던 사례들을 토대로 구성하였다. 코칭의 기본 개념에 대해서는 프롤로그에서 자세히 다루었고, 엄마들이 꼭 알아두면 좋은 코칭의 기본 스킬에 대해서는 각 파트의 마지막에 코칭 기법별로 소개했다.

한국인과 결혼한 여동생 가오리를 통해 마리북스와 인연이 되어 일본보다 한국에서 먼저 이 책이 나오게 되었는데 원고 기획에서 집필, 책이 나오기까지 꼬박 2년이라는 기간이 걸렸다. 한국 편집부와 일본인 저자인 나 사이에 의사소통을 비롯해 여러 가지 난관이 있었지만, 이렇게 무사히 책으로 나오게 되어 너무도 기쁘다. 무엇보다 일본에서 실용화 단계에 들어선 '자녀교육 코칭대화법'을 한국에 소개하고자 이 원고를 제안해준 마리북스에 진심으로 감사드린다. 일본에서는 아이를 키우면서 문제가 생길 때마다 코치에게 곧바로 조언을 구하는 일대일 코칭이 정착화되었다.

부디 이 책이 여러분의 자녀를 스스로 생각하고 스스로 행동하는 아이, 자신의 목표를 향해 스스로 나아가는 아이로 자라게 하는 데 조금이라도 도움이 되었으면 한다.

_ 고무라사키 마유미

작가의 말 | 아이에게 남겨줄 최고의 선물, 코칭

프롤로그 | 아이의 '하고 싶은 마음'에 불을 지피는 코칭이란

PART 01 듣기

- **01** 말 반복하기로 아이의 속마음 끌어내기 | 엄마, 나 이제 그만 할래? … 28
- **02** 페이싱으로 안도감 주기 | 학교에서 배웠는데 왜 몰라? … 32
- **03** 마음 헤아리기로 아이 격려하기 | 당장 그만두고 싶어 … 36
- **04** 온몸으로 듣기 | 엄마 바쁘니까 빨리 말해! … 40
- **05** 지지하기로 아이의 꿈 키워주기 | 난 꼭 부자가 될 거야! … 44
- **06** 공감하기로 아이의 생각 듣기 | 안 돼, 오늘까지는 쉬어야 돼! … 48
- **07** 말할 수 있는 환경 만들기 | 왜 학원 안 갔어? 대체 어쩌려고! … 52
- **08** 아이 말에 담긴 속뜻 알아듣기 | 오늘 시험은 최악이야, 최악 … 57

 코칭대화 듣기 기초 스킬 … 62

PART 02 질문하기

- **01** 생각 정리하기로 아이의 의욕 끌어내기 | 실수만 없었으면 90점 받았을 텐데 … 68
- **02** 아이의 자주성 끌어내기 | 휴지랑 손수건 챙겼어? … 72
- **03** 질문을 '책망의 도구'로 사용하지 않기 | 혼자 씻고 올 수 있지? … 76
- **04** 질문으로 가능성 끌어내기 | 어떻게 된 거야, 평소엔 잘했잖아! … 80
- **05** 제안으로 새로운 관점 부여하기 | 들이쉬기를 세 번 하는 건 어때? … 84

CONTENTS

06 아이를 서포트하는 대화의 단계 | 졸려도 꾹 참고 해 ··· 87
07 질문으로 선택의 가능성 넓히기 | 학원 다닐 거야, 말 거야? ··· 92
08 호기심 넘치는 아이의 질문 마주하기 | 엄마, 사람이 왜 이렇게 많아? ··· 96
09 덩어리 작게 하기, 문제 잘게 나누기 | 방이 이게 뭐야, 안 치워? ··· 100

코칭대화 질문하기 기초 스킬 ··· 104

PART 03 인정하기

01 아이의 존재 인정하기 | 넌 형이 돼 가지고 왜 그래? ··· 110
02 '온리 원'의 사실 전하기 | 엄만, 왜 동생만 좋아해? ··· 114
03 아이의 변화, 성장 표현하기 | 뭐가 달라졌는데? ··· 119
04 비교하지 않기, 아이의 성장 인정하기 | 좀 더 주의하지 그랬어? ··· 122
05 타이밍을 놓치지 않고 인정하기 | 집에서도 그러면 얼마나 좋아! ··· 126
06 아이마다 다른 방식으로 인정하기 | 칭찬해줬는데 왜 그래? ··· 130
07 아이에게 역할 주기, 의지하기 | 벌써 네 살이잖니? 혼자 걸어야지! ··· 134
08 아이의 존재가치, 영향력 전하기 | 엄마, 아빠 왜 결혼했어? ··· 138
09 믿고 지켜보기 | 학교에서 무슨 일이 있었니? ··· 142
10 아이의 동경 소중히 여기기 | 엄마, ○○멋있지? ··· 146

코칭대화 인정하기 기초 스킬 ··· 150

PART 04 아이를 움직이는 메시지 전달법

01 감사의 마음 전하기 | 왜 빨래 안 걷었어? … 156
02 아이를 야단치는 메시지 | 그러니까 늦게 자고 늦게 일어나잖아! … 160
03 화내지 않고 야단치기 | 아빠한테 말버릇이 그게 뭐야! … 164
04 부모도 아이도 행복한 전달법 | 애들아, 제발 좀 조용히 해! … 168
05 아이를 알고 관계하기 | 할아버지랑 둘이서 가기 싫어? … 172
06 아이를 기운 나게 하는 메시지 | 이거 괜히 샀나? … 176
07 사회의 룰, 규범 전달하기 | "갖고 싶으면 갖고 싶다고 얘길 해야지! … 180
08 약속의 중요성 가르치기 | 오늘은 안 산다고 약속했잖아! … 184

코칭대화 메시지 전달법 기초 스킬 … 188

PART 05 아이를 변화시키는 상황별 코칭대화

01 아이가 학교 가기 싫어한다면? … 194
02 부부싸움을 했다면? … 198
03 형제자매끼리 싸운다면? … 202

CONTENTS

04 아이가 폭력을 행사한다면? ⋯ 206
05 아이가 외모에 신경 쓴다면? ⋯ 210
06 공부에 흥미를 갖게 하려면? ⋯ 214
07 아이가 엄마의 잘못을 지적한다면? ⋯ 218
08 "왜 공부해야 해?"라고 묻는다면? ⋯ 222
09 아이가 친구 험담을 한다면? ⋯ 226
10 아이가 다쳤다면? ⋯ 230
11 아이가 씻기 싫어한다면? ⋯ 233
12 아이가 "나는 못해"라고 말한다면? ⋯ 236
13 아이의 성적이 올랐다면? ⋯ 240
14 아이가 거짓말을 한다면? ⋯ 244
15 아이의 행동이 느리다면? ⋯ 247
16 아이가 친구들끼리만 놀러 가고 싶어 한다면? ⋯ 250

코칭대화 아이의 상황별 기초 스킬 ⋯ 254

에필로그 | 당신을 응원하는 세 가지 바퀴

프롤로그

아이의 '하고 싶은 마음'에 불을 지피는 코칭

코칭의 관점에서 보면 '육아(育兒)'는 마치 '아이는 앞에서 끌고 엄마는 뒤에서 미는 손수레 끌기'와 같다.

추운 겨울날 아이가 손수레에 잔뜩 실린 물건을 언덕 위에 있는 집으로 옮겨야 된다고 가정해보자. 부모라면 누구나 아이 대신 손수레를 끌어주고 싶을 것이다. 하지만 아이가 직접 손수레를 끌고 가게 해야 한다. 설령 아이가 손수레를 끌어보지 않아서 실패할지라도 말이다.

손수레를 끌어보지 않은 아이라면 당연히 힘 조절을 잘 못해 손수레가 앞으로 나가지 않거나 손수레의 무게에 쏠려 아이가 위로 들릴 수도 있다. 그렇다고 "어휴, 다치겠다. 엄마가 대신해줄게"라고 해서는 절대 안 된다. 엄마는 아이가 다치지 않고 출발할 수 있도록 도와주기만 하면 된다. 그러기를 몇 번 반복하다 보면 아이는 어느새 손수레를 끄는 힘 조절 방법을 익히고, 자신이 가야 할 방향을 가늠하면서 '영차, 영차' 열심히 가고 있을 것이다. 그러면 엄마는 아이가 좀 더 쉽게 갈 수 있도록 뒤에서 손수레를 밀어주기만 하면 되는 것이다.

이것이 '자녀교육 코칭'의 기본 이념이다. 인생의 나침반 역할을 해주는 부모나 주변 사람들의 지침에 길들여진 아이들은 때때로 발생하는 돌발적인 상황에 대처하지 못해 극한 상황으로 치닫기도 한다. 《탈무드》에도 뱀의 머리와 꼬리에 대한 아래의 이야기가 나오는데 육아의 방향을 잘 보여주는 내용이다.

항상 뱀의 머리만 따라다녀야 했던 꼬리가 어느 날, 뱀의 머리에게 불만에 가득 찬 목소리로 말했다.

"나는 왜 네 꽁무니만 맹목적으로 따라다녀야 하지? 그리고 왜 언제나 너는 네 마음대로 의견을 말하고 방향도 정해서 함부로 나를 끌고 다니는 거지? 이건 정말 불공평한 일이야. 나 역시 뱀의 한 부분인데 언제나 노예처럼 끌려 다니기만 해야 한다는 건 말이 안 되잖아?"

그러자 머리가 대답했다.

"아니, 무슨 그런 바보 같은 말을 하는 거야? 너에게는 앞을 볼 수 있는 눈도 없고, 위험을 분간할 수 있는 귀도 없고, 행동을 결정할 두뇌도 없잖아? 나는 결코 나 자신을 위해서 그렇게 하는 것이 아니야! 너를 진정으로 생각하기 때문에 언제나 너를 끌고 다니는 거라구!"

꼬리는 큰 소리로 비웃으며 대꾸했다.

"그 따위 말들은 이제 싫증이 난다구. 독재자나 폭군도 자기를 따르는 자들을 위하여 일한다는 구실로 제 마음대로 하고 있는 거라구."

그러자 머리가 말했다.

"네가 정히 그렇게 불만이 많다면, 내가 하는 일을 네가 한번 해보렴."

꼬리는 몹시 기뻐하며 앞에 나서서 움직이기 시작했다. 그러나 뱀은 얼마 못 가서 도랑으로 굴러 떨어지고 말았다. 뱀은 천신만고 끝에 간신히 도랑에서 빠져나올 수 있었다. 또 얼마를 기어가다가 이번에는 가시덤불 속으로 들어가고 말았다. 그러나 꼬리가 가시덤불에서 빠져나오려고 애를 쓰면 쓸수록 가시에 점점 더 찔려 움직이지도 못하게 되었다. 상처투성이가 된 뱀은 이번에도 머리의 도움으로 가까스로 가시덤불에서 빠져나올 수 있었다.

꼬리가 다시 앞장서서 가다가 이번에는 뜨거운 불길 속으로 들어가고 말았다. 점점 몸이 뜨거워지고 갑자기 주위가 캄캄해지자 뱀은 무서워지기 시작했다. 다급해진 머리가 필사적으로 꼬리를 구해내려고 했지만 이미 때는 늦었다. 불길이 머리 쪽으로 번지자 결국 뱀은 죽고 말았다.

이 이야기에서 우리는 부모가 펼쳐주는 인생대로 아이가 고이고이 살아가도록 하는 '가르치기(티칭)'가 아니라, 아이 스스로 자신이 원하는 인생을 바라보고 개척해나갈 수 있도록 서포트해주는 '끌어내기(코칭)'가 필요하다는 것을 절실히 알 수 있다. 설혹 아이가 시행착오를 겪더라도 그것이 안타까워 부모가 나설 것이 아니라, 아이 스스로 깨달을 때까지 조용히 기다릴 줄 아는 용기와 인내도 필요하다.

'가르치기(티칭)와 '끌어내기(코칭)'의 차이

그런데 아직도 많은 부모들이 '내 아이를 가르쳐야 한다'는 강박관념 속에서 살고 있다. 엄마는 선생님이 아닐뿐더러 가르친다 하더라도 아이는 부모가 원하는 대로 따라오지도 않는다.

필자의 자녀교육 코칭 클래스에 참석하는 많은 학부모들이 이렇게 한탄한다. "아무리 말을 해도 아이가 공부를 하지 않아요." 그분들에게 "부모가 가르쳐주지 않아도 아이들은 스스로 깨우치는 힘이 있어요"라고 말하면, 한결같이 "우리 아이는 제가 가르쳐주지 않으면 못해요"라는 답변이 되돌아온다. 부모들은 대부분 아이들을 가르치고 설득하면 아이들이 변한다고 생각하는 것이다.

그렇다고 덧셈도 못하는 아이에게 곱셈을 물어보라는 게 아니다. 아이가 어떤 능력을 가지고 있다면, 그것을 어떻게 갈고닦아야 할지 알고 있는 사람은 아이 자신이라는 얘기다. 우리도 어렸을 때, 공부하려고 마음 먹고 있는데 엄마가 "공부해라, 공부해라" 하면 공부가 더 하기 싫었던 경험이 있지 않은가.

사람은 누구나 의욕이 생기면 누가 말하지 않아도 자발적으로 움직인다. 그 의욕은 아이들 속에서 '끌어내야 하는 것'이다. 그것이 아이들의 코치인 엄마가 해야 할 역할이다. "그나마 내가 계속 말이라도 하니까 공부를 하는 거지 아니면 턱도 없어요"라고 반론하는 엄마도 있을 것이다. 그렇다면 그건 '엄마가 무서워서'이거나 '엄마한테 혼나는 게 싫어서' 그냥 변한

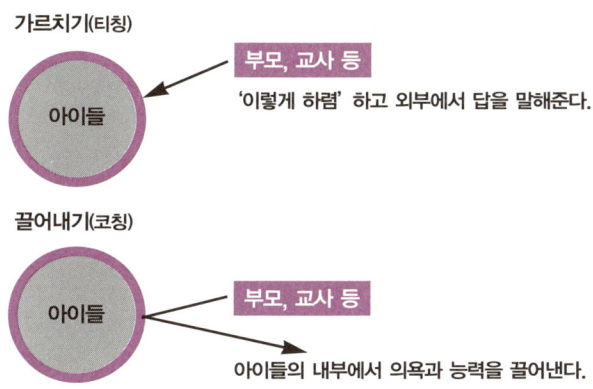

척' 하는 것이다. 설사 아이의 행동이 바뀌었다고 해도 대개는 잠시일 뿐 오래가지는 못한다. 머리로 이해했어도 마음으로 느끼지 못하면 아이는 절대 변하지 않는다.

그럼, '이제부터 가르치기는 그만두고 코칭을 해야지!'라고 생각하는 분들이 있을지 모르겠다. 아이들에게 코치로 다가가는 것은 굉장히 중요한 일이지만 '가르치기나 보여주기(티칭)'를 아예 거부하라는 얘기는 아니다. 분명 코칭은 아이들의 의욕과 능력을 끌어내고 연마하는 데 빼놓을 수 없는 자녀교육의 한 방법이다. 하지만 아이들이 어느 정도 자라서 체험을 쌓고 스스로 생각할 수 있는 능력을 가졌을 때 해야 한다는 것이 전제조건이다. 아무것도 모르는 아기에게 "너는 어떻게 하고 싶어?"라고 물을 수는 없지 않은가. 아이들이 아직 어려 선악을 구분하지 못한다면 부모가 좋은 모범이 되어 올바른 방법을 가르쳐주는 것도 필요하다. 결국, 아이들의 모습을 보면서 끌어내기(코칭)와 가르치기(티칭)를 배합하는 것이 중요하다는 얘기다.

엄마는 최고의 코치

'사람의 능력을 키우는 행위'를 코칭이라고 하고 코칭을 실시해 개인의 목표달성을 도와주는 사람을 코치라고 한다. 사람은 몇 가지 욕구가 충족되면 자발적으로 움직인다. '나는 할 수 있다'는 자신감 또는 '이게 맞다'는 확신 등등. 이런 아이디어나 의지, 능력, 성공을 위한 원동력을 끌어내주는 것이 코치의 역할이고, 아이들은 부모가 생각하는 것 이상으로 큰 가능성을 가지고 있다.

코치로서 그것을 잘 끌어내고 키워주는 것이 아이의 코치인 엄마가 해야 할 역할이다. 이는 스포츠 코치와 선수의 관계와 비슷하다. 마라톤 선수를 예로 들어보자. 선수는 조금이라도 빠른 기록을 내고자 매일 쉼 없이 연습을 할 것이다. 코치 또한 그것을 진심으로 바라고 있다. 하지만 코치가 선수 대신 뛸 수는 없으며 설령 업고 뛴다 한들 둘 다 쓰러지고 말 것이다. 만일 그렇게 해서 훌륭한 기록이 나온다 해도 선수는 자신이 스스로 일궈낸 성과가 아니기 때문에 큰 기쁨을 느끼지는 못한다.

자신의 힘으로 목표를 달성하고 자신이 얻어낸 것이어야 비로소 기쁨도 느낄 수 있다. 오로지 마라톤을 완주하고 훌륭한 성과를 이뤄낸 선수만 시상대에 당당히 서서 주목을 받는 주인공이 될 수 있는 것이다. 그렇다면 코치는 왜 필요할까? 코치의 역할은 선수의 기쁨, 슬픔, 분노를 함께 나누며 선수를 격려해주고 고민을 들어주면서 선배로서 조언도 아끼지 않는 것이다. 즉 코치는 선수가 가지고 있는 힘을 최대한 발휘할 수 있도록 환경을 만들어주는 것이다. 코치가 선수들에게 얼마나 큰 용기를 주고 힘을 주는지는 굳이 말할 필요도 없을 것이다.

낚시를 무척이나 좋아하는 필자의 지인이 있다. 코치로서 부모가 얼마나 중요한 역할을 하는지 그의 이야기를 들려주겠다. 그는 아들이 아주 어릴 때부터 항상 낚시터에 데리고 다녔다. 아들은 아빠가 낚은 물고기를 만지고 놀았다. 그러다 점점 물고기에 흥미를 갖게 되어 아빠에게 이것저것 물어보았다. 시간이 지날수록 아빠도 알지 못하는 어려운 질문을 아들이 계속 해오자, 그는 아예 책을 사서 아들과 함께 공부를 하며 답을 찾았다. 이를 계기로 아들은 틈만 나면 물고기 관련 책을 읽어 물고기에 대해서는 전문가 못지않은 지식을 쌓게 되었다. 주위 사람들도 아들을 보면 "이봐, 물고기 박사, 이것 좀 알려줘"라고 말했고 아들은 더욱 자신감을 가지고 물고기 공부에 열중했다.

다음, 그는 아직 초등학생인 아들에게 "이건 좀 어려운 책인데 이걸 읽으면 너는 천재야" 하면서 고등학생 수준의 생물책을 내밀었다. 아이의 자신감을 더욱 자극하기 위해서였다. 다른 아이들은 엄두도 내지 못하는 고등학교 생물책을 아이는 무난히 읽어냈다. 이후에도 물고기 공부를 꾸준히 한 아이는 자연스레 물고기 연구자가 될 것이라 생각했고 몇 년 후에 수산대학에 합격했다.

이 이야기는 '코치인 부모가 어떻게 아이를 대해야 할지'를 잘 일러준다. 그는 먼저 아들을 낚시터에 데려감으로써 아들에게 새로운 경험을 쌓게 해주었다. → 물고기에 흥미를 보이는 아들에게 '더러우니까(위험하니까) 만지지 마'라고 하지 않고 옆에서 지켜보았다. → 아들의 질문에 귀찮아하지 않고 대답해주었다(같이 생각했다). → 책을 사서 같이 공부했다. → 아들의 성장을 기뻐하고 인정하고 응원했다. → 어려운 책을 사줘 아들의 욕구를 더욱 자극시켰다. 훗날 장성한 아들은 이렇게 말했다고 한다. "저에게 그런 재능이 있었는지는 잘 모르겠어요. 다만, 아버지를 따라 낚시를 하러 다니다 보니 물고기에 흥미가 생겼을 뿐이에요. 아버지가 먼저 물고기 박사가 되라고 하셨다면 어떻게 됐을지 모르겠어요."

'아이의 가능성을 발견하고 옆에서 지켜보며 성장을 북돋우고 아이가 필요로 할 때 도와준다.' 바로 이런 코치로서의 접근법이 아들의 재능을 꽃피워 오늘의 결실을 맺게 한 것이다. 특히 엄마는 아이의 일상과 가장 밀접

하게 호흡하고 있는 사람인 만큼 아이에게는 최고의 코치다. 하지만 주인공은 어디까지나 아이 자신이다. 엄마의 역할은 아이가 어떤 어려움에 놓이더라도 자기 자신을 믿고 강하게 살아남는 아이로 키워내는 것이다. 즉 아이가 한 인간으로 완전한 자립을 이룰 수 있도록 도와주는 역할을 해야 한다. 아무리 아이를 사랑한다 해도 아이의 인생을 대신 살아줄 수는 없다는 사실을 명심하라.

서포트(지지하기)와 헬프(돕기)의 차이

아이들의 성장을 돕는 데는 '서포트'와 '헬프' 두 가지 방법이 있다. 이 두 가지가 어떻게 다른지 아래 설정을 통해 알아보자.

당신이 길을 걷다가 사과나무 아래 쓰러져 있는 사람을 발견했다. 그곳에는 단 한 그루의 사과나무만 있다. 그 사과나무에는 사과가 많이 열려 있지만 그는 스스로 일어서 사과를 딸 힘이 없어 보인다. 그를 내버려둔다면 생명이 위험하다. 만일 이때 그를 도와줄 사람이 없다면 당신은 어떻게 하겠는가?

아마 많은 사람들이 우선 사과를 따서 그에게 먹여줄 것이다. 이처럼 무력한 사람이나 자신의 힘으로는 도저히 어려운 상황을 타개할 수 없는 사람을 대신해 당신이 움직이는 것을 '헬프'라고 한다.

그럼, 당신 덕분에 그가 위험한 상황을 탈피하고 건강을 회복했다고 하자. 이제 당신이 해야 할 일은 무엇일까? 그에게 계속해서 사과나 다른 음식을 가져다준다면 어떻게 될까? 그가 어느 순간 당신에게 의지하는 데 거부감을 느끼게 될까? 아니면 제 힘으로는 아무것도 못하는 생활에 익숙해져 당신이 무언가를 가져오기를 하염없이 기다리게 될까? 분명한 사실 하나는, 그는 당신의 도움이 없으면 결코 살아갈 수 없는 나약한 존재가 되어버린다는 것이다.

그런데 만일, 당신이 사정이 생겨 더 이상 그에게 '헬프'를 해주지 못한다면 어떻게 될까? 그는 금방 배고픔에 시달리게 될 것이다. 이런 상황은 그에게도 당신에게도 바람직하지 않다. 그는 자기 힘으로 움직일 수 있게 된 만큼 더 이상 '헬프'가 필요하지 않다. 이제부터는 그가 스스로 사과를 따는 방법을 익히도록 해주고 혼자서 살아갈 수 있도록 응원해주어야 한다.

당신은 그에게 사과 따는 방법을 조언해주고 그가 혼자 도전하는 모습을 옆에서 지켜보면서 그가 필요로 할 때만 도와줘야 한다. 그렇게 하다 보면 스스로 사과를 딸 수 있는 시기가 오고, 그는 자신이 먹고 싶을 때 스스로 사과를 따 먹을 수 있게 된다. 이렇게 하는 것이 코치의 역할인 '서포트'이다. 즉 그가 혼자 살아갈 수 있도록 스스로 행동할 수 있도록 응원해주는 것이다.

위의 예를 실제 육아에 적용해보면 당신의 육아는 '헬프형'인가? 아니면 '서포트형'인가? 물론 갓난아기일 때나 아이가 어떤 첫경험을 할 때는 부모의 '헬프'가 꼭 필요하다. 하지만 계속 '헬프'를 한다면 나중에 아이는 어떻게 될까? 엄마의 최고 역할은 코치로서 아이의 자립을 '서포트'하는 일이라는 것을 명심하라.

엄마는 '이 아이는 굉장한 능력을 가지고 있어. 가능성이 있어'라는 믿음을 가지고 아이를 대해야 한다. 아이에게 '이렇게 해, 저렇게 해' 하며 지시하기보다 아이가 본래 가지고 있는 의욕과 능력을 끌어내 그것을 최대한 발휘할 수 있도록 도와줘야 한다. 최고의 결과를 내는 것은 부모의 힘이 아니라 아이가 얼마나 의욕을 보이는가에 달려 있다.

아이 속에서 생겨난 '의욕'은 그 끝이 어디일지 모를 정도로 큰 힘을 지니고 있다. 이 책에서는 이러한 코칭 사고법을 중심으로 아이의 힘을 키워주는 방법을 제안하고 있다.

코칭의 3원칙

[
1원칙 : 인간은 누구나 무한한 가능성을 가지고 있다.
2원칙 : 해답은 (코치가 아니라) 자신 안에 있다.
3원칙 : 코치는 해답을 이끌어내도록 도와주는 존재이다.
]

이것이 코칭의 3원칙이다. 1원칙인 '인간은 누구나 무한한 가능성을 가지고 있다'는 코칭의 인간관이라고도 할 수 있다. 여기서 '무한'이란, 말 그대로 '헤아릴 수 없이 많다'라고 이해하면 된다. 인간은 원래 자기 자신의 가능성을 과소평가하는 경향이 있다. 멋진 도전을 해보지도 않고 '절대 될 리가 없어'라고 미리 포기해버린다든지, '언젠가 하지 뭐. 언젠가 하면 돼' 하고 조금씩 조금씩 미루는 것이다.

코치는 상대의 가능성을 믿고 그 사람이 하고자 하는 일을 잊지 않게 하고 격려하는 존재이다. "저는 절대 못해요. 자신 없어요" 하고 입버릇처럼 말하던 클라이언트가 코칭이 진행되면서 자신의 꿈과 목표를 향해 노력하며 빛나는 모습을 보일 때면, 필자 역시 인간의 헤아릴 수 없는 가능성에 놀라곤 한다.

2원칙인 '해답은 (코치가 아니라) 자신 안에 있다'에서 말하는 '해답'은 상대의 '가능성과 능력'이다. 다시 말하면 '상대가 잘할 수 있는 존재라고 믿고 대한다'는 것이다.

'교육'이라고 하면 주로 정답을 가지고 있는 부모나 교사가 그렇지 못한 아이들을 가르치거나 지도하는 것이라 생각하는 사람이 많을 것이다. 실제로 인간은 어린아이 때는 아무것도 모르다가 어른들의 지식이나 노하우를 하나하나 배우면서 세상살이를 익혀간다. 때문에 가르침을 받지 않으면 성장할 수 없다. 하지만 가르침만 받아서는 자신의 능력을 발휘하는 데 한계가 있다. 아이가 가지고 있는 가능성을 충분히 발굴해내려면 아이 자신의 '의욕'이 반드시 전제되어야 한다. 인간은 하려고 하는 마음만 있으면 자발적으로 움직이기 마련이다. 반대로 아무리 훌륭한 지도자를 붙여주어도 아이에게 하려는 의지가 없다면 결과는 안 봐도 뻔하다.

3원칙인 '코치는 해답을 이끌어내도록 도와주는 존재이다'에서 코치가 할 수 있는 일은 '이렇게 공부해라'고 해답을 주는 것이 아니라, 상대방이 하고자 하는 마음을 가지게 해서 행동으로 옮기게끔 만드는 것이다. 관건은 아이 자신이 얼마만큼 하는가다. 이는 수많은 코치들이 한시도 잊지 않고 마음속에 새기고 실천하는 것이다.

이상의 3원칙을 육아에 적용한다면 다음과 같이 말할 수 있다.

- 모든 아이들은 무한한 가능성을 가지고 있다.
- 해답은 (부모가 아니라) 아이 안에 있다.
- 부모는 해답을 이끌어내도록 도와주는 존재이다.

이 책에서는 이러한 코칭의 3원칙을 중심으로 아이의 살아가는 힘을 키워주는 엄마와 아이의 관계형성법을 제안하고 있다.

코칭의 기본 자세

코치들은 아이들의 성장을 바라볼까? 코치들의 신념에 대해 알아보자.

첫째, '내 아이에게는 스스로 앞으로 나아갈 수 있는 능력이 준비되어 있다'고 믿는 것이다. 지시하거나 명령하지 않아도 아이들은 움직인다. 그런데 엄마들이 흔히 가지고 있는 편견 중의 하나가 '내 아이는 스스로 발전하는 힘을 가지고 있다'는 것을 믿지 않는다는 것이다

필자에게 코칭을 의뢰해왔던 후미코도 마찬가지 경우였다. 그녀는 피아노 실력이 좀처럼 향상되지 않는 딸아이에게 늘 지시만 하는 엄마였다. "왜 그래, 못하겠어?" "저녁 먹기 전에 하면 되잖아" "일요일은 시간 많지?"……. 그녀의 잔소리는 끝이 없었다.

그런데 어느 날, 후미코는 딸의 피아노책에 고양이가 그려져 있는 것을 보았다. 그 옆에는 작은 동그라미도 있었다. 그녀가 "뭐냐"고 묻자, 딸은 "혼자 연습하면 외로운데 고양이가 보고 있으면 기뻐. 잘 치면 동그라미를 까맣게 칠해"라고 대답했다고 한다. 딸은 어떻게 하면 피아노를 재미있게 칠 수 있을지 나름대로 궁리를 한 것이다. 후미코는 순간, 딸에게 미안한 감정이 들어 "정말 좋은 생각이야"라며 칭찬을 했다고 한다.

그 일이 있은 후, 후미코는 "어떻게 하면 피아노를 재밌게 칠 수 있을까?" "피아노 배워서 뭐가 좋았어?"라는 질문을 하면서 딸의 장점도 함께 얘기했다고 한다. 그랬더니 요즘에는 딸이 먼저 "엄마, 나 이거 할 수 있게 됐어. 이런 좋은 일이 있었어"라고 말을 걸어온다는 것이다.

이제 후미코는 자신있게 말한다. "엄마가 말하지 않아도 아이들은 스스로 나아가는 힘이 있어요. 아이들이 성장할 수 있는 방법은 아이들에게 물어보는 수밖에 없어요." 어른이 할 수 있는 일은 한계가 있기 마련이다.

둘째, '소리 지르며 혼내면 혼낼수록 못하게 된다' 는 것이다. 필자가 아나운서 시절, 소년야구팀을 취재한 적이 있다. 그때 타자가 헛스윙을 할 때마다 벤치에 있는 감독과 부모들이 일제히 "뭐 하는 거야! 똑바로 해!"라고 고함을 지르는 광경을 몇 번이나 목격했다. 그러자 아이는 겁먹은 얼굴로 표정이 굳어지며 배트를 다시 한번 휘둘렀다. "스트라이크!" 이번에도 배트는 맞지 않았고 "야, 그게 뭐야! 이 멍청아!" 하는 벤치의 고함소리가 또 들려왔다. 그럴수록 아이의 표정은 더욱 굳어졌고 실패는 거듭되었다.

이처럼 명령 혹은 지시하거나 혼내는 방법으로는 아이들이 본래 가지고 있는 의욕과 능력을 끌어낼 수 없다. 아이들을 지도하는 입장에 있는 부모나 교사는 아이들이 의욕을 가질 수 있는 환경을 만들어줄 책임이 있다.

앞에서 사례로 든, 아들을 물고기 박사로 만든 아버지 역시 이런 코칭의 기본을 충실히 행한 사람이다.

그는 아들의 재능을 지켜보며 응원하는 한편, 아들이 살아가는 데 기본이 되는 사회성과 상식과 매너 등은 철저히 가르쳤다고 한다. 특히 '기초 학력' 을 중시했는데 물고기에 대한 지식이 아무리 많다고 해도, 기초 학력이 없다면 애써 쌓은 지식을 응용할 수 없고 큰 발전도 없다고 생각했기 때문이다.

또 아들이 초등학교 저학년일 때는 공부하는 습관을 몸에 붙일 수 있도록 매일 저녁식사 후에 아들의 옆에 앉아 공부 파트너가 되어주었다고 한다. 그는 "공부하는 습관이 잡혀 있지 않은 상태에서 아이의 자율에 맡기는 것은 소용없어요. 공부보다 노는 것이 즐거우니까요"라고 말한다. 그러면서 아들이 잘 모르는 부분을 가르쳐주고, 어려운 문제를 풀면 함께 기뻐하며 "이걸 풀 수 있다니 대단해"라며 도전의식을 불어넣었다. 티칭과 코칭을 적절히 배합해가며 아이를 대한 것이다. 이렇게 해서 성적이 오르자 아들은 자신감을 가지고 배우는 재미도 더욱 알게 되고 고학년이 되어서는 스스로 공부하게 되었다고 한다. 공부가 자신에게 많은 도움이 된다는 것을 깨우치면 아이는 자기 스스로 배우려고 한다.

그리고 그는 일상생활에서도 아들이 공부에 흥미를 가질 수 있도록 마음을 썼다. 마트에 가면 아이에게 계산을 해보게 했고 뉴스를 보거나 여행 채널을 보면 그곳에 나오는 지명을 지도로 찾아보게 하는 등, 아이가 배운 지식을 자연스럽게 실생활에 응용해볼 수 있게 했다. 이처럼 아들의 흥미를 잘 끌어내주는 부모가 있었기에 아들은 공부도 잘하고 당당한 아이로 성장할 수 있었던 것이다.

듣기

코칭의 가장 기본은 잘 들어주는 것이다. 듣는 데도 분명 기술이 필요하다. 아이를 키우면서 부모가 옳은 것을 아무리 말해도 효과가 없을 때가 있다. 이럴 때 부모인 당신은 절망감에 빠질 것이다. 하지만 한발만 물러서서 생각해본다면 당신은 아이 스스로 문제 해결에 몰두할 수 있도록 도와줄 수 있다. 그러기 위해서는 기꺼이 아이의 말을 존중하며 들어주어야 한다. 그러면 놀랍게도 아이에게도 높은 식견이 있으며, 자신의 견해가 있다는 사실을 발견하게 될 것이다.

PART
01

01 말 반복하기로 아이의 속마음 끌어내기
"엄마, 나 이제 그만 할래?"

"엄마, 나 이제 그만 할래?" "이거 하기 싫어" "지겨워서 못하겠어" 등 아이들은 뭘 하다가도 이런 말을 자주 한다. 그러면 엄마들은 대부분 "아휴, 또 왜?" "그러면 그렇지" 하는 반응들을 보낸다. 엄마의 그 한마디에 아이의 가슴은 무너진다. 엄마 눈에는 아이가 뭘 하든 진득하니 못하는 것 같지만 아이는 나름대로 그런 말을 하는 이유가 있다. 이럴 때 아이의 말을 잘 들어보면 '왜 하기 싫은지' 이유가 있으므로 아이 말에 담긴 속뜻을 잘 읽어야 한다.

초등학교 3학년 여자 아이 유미의 엄마도 유미가 뭘 하든 쉽게 싫증을 내는 것 때문에 고민이었다. 하루는 유미가 모처럼 장미 조각 숙제를 열심히 하고 있기에 엄마는 반가운 마음에 유미한테 다가가 말을 건넸더니, 유미는 엄마가 다가오기가 무섭게 짜증을 내더라는 것이다. 그때의 상황을 한 번 보자.

아이의 성장을 막는 나쁜 대화

유미 : 아, 짜증 나! 엄마, 이 장미 조각 숙제 못하겠어. 나 이제 그만 할래.
엄마 : 아니, 시작한 지 얼마나 됐다고 그래. 벌써 그만둬? 좀 더 해 봐. ❶
유미 : 시간이 많이 걸려서 짜증 나.
엄마 : 정말, 얜 끈기가 없다니까! 뭐든지 하다가 도중에 내던져버리고. 그러니까 이것도 잘 안 되지. ❷
유미 : 그래도 피아노는 5년씩이나 하고 있잖아.
엄마 : 그럼 이 숙제도 피아노처럼 열심히 해보면 되잖아.
유미 : 싫어, 하기 싫어.
엄마 : 그럼 네 맘대로 해라. 내일 학교 가면 너만 혼나지 뭐. ❸
유미 : 됐어! 엄마는 아무것도 모르면서…….

 아이가 엄마에게 '하기 싫다'고 불만을 터트리는 것은 정말 하기 싫다기보다 자기 마음대로 안 되니까 짜증이 나서 하소연을 하는 것이다. 이때 엄마들은 대부분 아이가 '하기 싫다'고 하는 말만 가지고, '네가 그러면 그렇지' 하는 시선으로 아이한테 좀 더 해보라고 몰아붙이기 쉽다. ❶❷ 위 대화에서는 아이가 엄마 말에 순순히 수긍하지 않자 "내일 학교 가면 너만 혼나지 뭐" 하며 아이의 약까지 올리고 있다.❸ 이렇게 하면 아이가 가지고 있던 의욕도 싹 가시게 만든다. 이때는 아이의 말을 부정하거나 의견을 말하지 않고 아이의 말을 그냥 들어주기만 해도 좋다. 위의 상황에서는 아래와 같이 대화를 끌어가면 훨씬 효과적이다.

아이를 두 배로 성장시키는 코칭대화

유미 : 아, 짜증 나! 엄마, 이 장미 조각 숙제 못하겠어. 나 이제 그만 할래.

엄마 : (다정하게) **우리 유미가 짜증이 났구나?** ❶

유미 : 응, 시간이 너무 많이 걸려.

엄마 : **시간이 걸려서 짜증이 났구나.** ❷

유미 : 리카는 빨리빨리 잘 파던데……

엄마 : **아, 리카랑 비교해서 그런 거구나.** ❸

유미 : 응. 리카한테 지기 싫어.

엄마 : **지기 싫구나.** ❹

유미 : 응.

엄마 : 리카는 언제부터 조각 시작했어?

유미 : 6개월 전부터. 엄마한테 배우고 있대.

엄마 : 그래? 그럼 유미는 언제부터 조각 시작했는데?

유미 : 음, 지난 달.

엄마 : 한 달 만에 이렇게나 많이 늘었어? 근데, 엄마가 뭐 하나 물어보자. 리카는 뭐든지 너보다 잘하니?

유미 : 아니. 수학은 내가 더 잘해.

엄마 : 그렇구나. 유미는 수학 좋아하고 계산도 엄마보다 더 빨리 하지? 그런데 수학은 처음부터 좋았고 잘했어?

유미 : 아니. 처음에는 잘 몰라서 울었어.

엄마 : 맞아, 그랬지. 그럼, 어떻게 지금처럼 잘하게 됐을까?

유미 : 반복해서 자꾸 연습했더니…….

엄마 : 그럼 조각도 똑같은 거 아닐까?

유미 : 연습하면 잘할 수 있게 될까?

엄마 : 물론이지.

　엄마가 아이의 말을 부정하거나 자신의 의견을 주장해서는 안 된다. ❶~❹처럼 아이의 말을 그대로 반복하며 아이의 말을 들어줘보라. 아이는 엄마가 자신의 말을 계속 들어준다 싶어 엄마에게 속마음을 터놓게 된다. 누군가에게 자신의 속마음을 터놓으면 마음의 정화 작용이 생겨 편안하고 차분해지는데, 그 효과적인 방법 중의 하나가 상대의 말을 반복하는 것이다. 방법은 크게 어렵지 않다. 아이의 말꼬리를 반복하기만 하면 된다. 자세한 것은 듣기 기초 스킬편(63쪽)을 참조하라.

코칭대화 one point

아이가 무엇을 하기 싫어할 때는 아이의 말을 잘 들어보면 말 속에 아이 나름대로 그것을 하기 싫어하는 이유가 있다. 아이의 말을 잘 듣고 반복하는 것으로 아이의 속마음을 끌어내보라.

02 페이싱으로 안도감 주기
"학교에서 배웠는데 왜 몰라?"

엄마가 보기엔 간단한 것인데도 아이가 쩔쩔매고 있는 것을 보면 엄마는 속이 터진다. 내 아이만 처지는 것은 아닌지 걱정스러운 마음에 아마도 아이에게 얼른 다가가 그 문제를 해결해주려고 할 것이다. 하지만 엄마의 이런 조바심이 아이에게 초조함을 안겨주고 결국 아이의 자주성도 해친다는 사실을 잊지 말아야 한다. 사람은 자신이 뒤처지고 있다는 기분이 들면 빨리 따라가야지 하는 마음보다 불안하고 초조한 마음부터 들게 마련이다.

다로 엄마는 수학을 잘 못하는 다로 때문에 답답해서 코칭을 의뢰해왔다. 하루는 다로가 요즘 학교에서 배우는 분수 문제를 못 풀어 울상을 지으며 엄마한테 말을 건넸는데, 엄마는 학교에서 배운 것도 모르겠다는 아들한테 치미는 부아를 참지 못해 그만 폭발하고 말았다고 한다.

아이의 성장을 막는 ~~나쁜 대화~~

다로 : 엄마, 수학은 정말 너무 어려워.

엄마 : 왜? 학교에서 배웠잖아. 수업 시간에 잘 들었어? 뭘 모르겠는데? ❶

다로 : 분수의 나눗셈.

엄마 : 좀 보여줘봐. 3분의 2 나누기 3분의 1. 이거 간단한 거잖아?

다로 : 음······.

엄마 : 왜 몰라? ❷ 교과서에도 있잖아. 봤어, 안 봤어?

다로 : ······.

엄마 : 분수의 나눗셈은 곱셈으로 하는 거잖아. 그러니까 3분의 2 곱하기 뭐겠어? ❸

다로 : 1분의 3?

엄마 : 맞아. 그럼 답은? ❹

다로 : 음, 2분의 1인가?

엄마 : 어째서 2분의 1이야? 뭘 모르겠는데? ❺

다로 : 곱셈부터 잘 모르겠어······.

엄마 : 으이구! 얼마나 연습을 한 건데도 몰라? 학교에서 배운 거 복습은 해? 안 하니까 잘 모르는 거잖아. ❻

다로 : ……. (운다)

엄마 : 울어도 소용없어. 공책 가져와.

　이 상황에서는 아이가 스스로 문제를 풀 수 있는 능력을 길러주는 것이 중요하다. 그러기 위해서는 엄마가 아이의 의욕과 자발성을 끌어내주는 코치가 되어야 하는데, 다로 엄마는 아이에게 일방적으로 질문을 던진 것이다. 또 자신 없는 목소리로 더듬더듬 말하는 아이와 달리 엄마는 강한 어조로 기세 좋게 말하고 있다. 뿐만 아니라 문제를 풀어보려고 전전긍긍하고 있는 아이의 침묵을 참다 못해서 답을 말하라고 재촉하기까지 한 셈이다. ❶~❻과 같이 마치 다그치는 상황이 되어버렸다. 그러면 아이는 스스로 생각할 수 있는 여유를 잃어버리고 더욱 위축되고 만다. 아이에게는 각자 나름대로의 속도가 있다. 아이의 마음에 다가가려면 어떻게 하면 좋을까?

아이를 두 배로 성장시키는 코칭대화

다로 : 엄마, 수학은 정말 너무 어려워.

엄마 : (잠시 잠자코 있다가 부드러운 목소리로) 뭘 모르겠는데?

다로 : 분수의 나눗셈.

엄마 : 분수의 나눗셈? 좀 보여줘 봐. (교과서를 보고) 3분의 2 나누기 3분의 1. 학교에서는 어떻게 배웠는데?

다로 : 숫자를 반대로 해!

엄마 : 그렇지. 곱셈으로 하는 거지? 그러면 어떻게 되지?

다로 : 음, 3분의 2 곱하기 1분의 3?

엄마 : 맞아! 여기까지는 잘하네. (부드럽게) 그럼, 곱셈을 잘 모르는 건가보다. 곱셈부터 다시 한번 해볼까?

다로 : 응! 엄마가 가르쳐줄 거야?

엄마 : 그럼. 그런데 앞으로 엄마도 모르는 문제가 나오면 어떡하지? (웃으면서) 그땐 곤란하겠지?

다로 : 그럼, 내가 학교에서 수업시간에 열심히 듣고 올게. 집에서도 복습을 열심히 하고.

엄마 : 그래. 수업 잘 듣고 집에서도 복습을 하면 되겠구나.

위 대화처럼 아이의 이해하는 속도나 말하는 속도에 맞추어 이야기면 좋다. 이처럼 상대의 페이스에 맞추어 대화하는 것을 '페이싱(pacing)'이라고 한다. 말이 빠른 사람과 느린 사람이 대화를 하면 위화감이 느껴지지만, 비슷한 사람들끼리는 '이 사람도 나랑 같은 부류구나' 하는 느낌이 들어 마음이 편안해진다. 말하는 속도 외에 이야기 내용이나 분량, 목소리 톤, 몸의 움직임 등을 맞추는 것으로도 페이싱이 가능하다. 아이의 마음을 열게 하고 깊이 있게 대화하려면 늘 '페이싱'을 염두에 두어야 한다. 그렇지 않으면 일방적인 커뮤니케이션이 되기 쉽다.

코칭대화 one point

다른 아이들은 다 아는 것인데도 내 아이만 몰라서 헤매고 있을 때는 화도 나고 걱정도 되겠지만, 우선은 아이가 말하는 내용이나 말하는 속도에 맞는 '페이싱'으로 대화하라. 그러면 남들은 다 아는데 자기만 모르면 어떡하지 하고 불안해하던 아이의 마음도 편안해진다.

03 마음 헤아리기로 아이 격려하기
"당장 그만두고 싶어."

아이가 자신감을 잃고 마음이 약해져 있을 때, 엄마들은 아이를 격려해줄 마음으로 "힘내!"라는 말을 곧잘 하곤 한다. 당신도 아이한테 그렇게 말한 적이 없는가? 아이는 나름 열심히 노력하고 있다고 생각하는데 엄마가 더욱 열심히 하라고 재촉한다면? 아이는 '나는 한다고 하는데 대체 어쩌란 말이야' 하는 기분이 되어 더욱 힘이 빠지고 말 것이다. 기운이 빠져 있는 아이의 기분을 북돋우려면 어떻게 하면 좋을까?

아키나의 엄마는 학교 합창반에서 반장을 맡고 있는 아키나가 요즈음 기운이 없어 보여 말을 걸었더니 아키나가 신경질만 부렸다고 한다. 이런 아키나가 걱정이 돼 아키나의 엄마는 코칭을 의뢰했는데, 기운 빠져 있는 아이에게 힘을 줄 수 있는 방법을 한번 알아보자.

아이의 성장을 막는 나쁜 대화

엄마 : 아키나, 왜 그래? 요즘 힘이 없어 보이네.

아키나 : 아니야.

엄마 : 학교에서 무슨 일 있었어?

아키나 : 합창반 반장 하는 게 힘들어서 그래.

엄마 : 왜? 누가 뭐라 그랬어?

아키나 : 합창반 아이 두 명이 싸워서 분위기가 엉망이야. 나는 반장이라 누구 편도 들지 못해. 아휴! 머리 아파.

엄마 : 그러게. 반장 노릇은 똑부러지게 해야지.❶ 뭐, 조만간 화해하지 않겠어? 너무 신경 쓰지 마.❷

아키나 : 금방 화해할 것 같으면 내가 왜 걱정해. 아휴! 반장 그만두고 싶어.

엄마 : 무슨 소리야? 이 정도로 그만두면 뭘 해도 길게 못해.❸

아키나 : ……

엄마 : 모두가 널 믿어줘서 반장으로 뽑힌 거니까 힘내야지.❹

아키나 : 하기 싫은 일은 다 반장한테 떠맡겨. 정말 관두고 싶어.

엄마 : 그런 말 말고 열심히 해!❺

엄마는 아이가 고민을 호소하는 것에는 관심도 없고 계속 "똑부러지게 해야지" "열심히 해"라는 말만 계속 하고 있다. ❶~❺ 엄마로서 아이가 다시 힘을 내길 바라는 것이다. 하지만 "힘내"라는 격려는 때에 따라서 '지금 상태로는 안 된다' '좀 더 할 수 있을 거다' '너는 아직 노력이 부족하다' 는 말로 들릴 수 있다. 그러면 아이는 '엄마는 내 편이 아니야'라고 실망하거나 '지금 상태로는 안 되겠구나'라고 판단하게 된다. 이미 열심히 노력하고 있는 아이에게 "힘내"라고 하는 말은, 기름 떨어진 자동차를 억지로 달리게 하는 것과 같다는 걸 명심하고 다음 대화를 보자.

아이를 두 배로 성장시키는 코칭대화

엄마 : 아키나, 왜 그래? 요즘 힘이 없어 보이네.

아키나 : 아니야.

엄마 : 학교에서 무슨 일 있었어?

아키나 : 합창반 반장 하는 게 힘들어서 그래.

엄마 : 힘들어?❶ 무슨 일 있었어?

아키나 : 합창반 아이 두 명이 싸워서 분위기가 엉망이야.

엄마 : 그랬어?

아키나 : 나는 반장이라 누구 편도 들지 못해. 아휴! 머리 아파.

엄마 : 그래? 반장이라 더더욱 어떡할지 고민이 되겠구나. 힘들었지?❷

아키나 : 다른 아이들은 내가 반장이니까 둘을 화해시켜야 한대. 정말 어떻게 해야 할지 모르겠어.

엄마 : 그래…… 고민되겠다. 계속 혼자서 고민하느라 힘들었지?❸ 그래서

아키나는 어떻게 하고 싶어? 반장 그만두고 싶어? 아니면 다른 사람한테 바꿔달라고 할래? ❹

아키나 : 아니야. 힘은 들지만, 그만두는 건 왠지 싫어.

엄마 : 그래? 엄마가 뭐 도와줄 거 있어? ❺

아키나 : 아니. 엄마한테 얘기하고 나니까 이제 괜찮아.

엄마 : 알았어. 얘기해줘서 고마워. 엄마는 항상 네 편이야. ❻

아키나 : 응.

  엄마가 아이에게 '열심히 해'라고 격려하는 대신 아이의 페이스에 맞추면서 아이의 말을 반복하며 아이의 마음을 들여다보라. ❶~❸ 그러면 아이는 자신의 생각을 차분히 정리할 수 있게 된다. 엄마는 '이렇게 해'라고 자신의 생각을 밀어붙이지 않고 '어떻게 하고 싶은지' 아이에게 선택하게 해야 한다. ❹ 또 자신이 언제나 아이 편이라는 것을 전달하면서 응원하라. ❺❻ 아이가 자신의 상황을 긍정적으로 생각하게 된다. 엄마가 자기의 이야기를 확실하게 들어줌으로써 문제를 정리할 수 있는 여유가 생기는 것이다.

코칭대화 one point

아이가 힘이 빠져 있을 때는 아이한테 "힘내!" "열심히 해야지!" 하는 말보다 아이의 얘기를 들어주며 '엄마는 항상 네 편이야' 하는 기분을 전해줘라. "힘내"라는 말은 아이한테 '엄마는 내 편이 아니구나!' 하는 기분을 갖게 할 수도 있다.

온몸으로 듣기
"엄마 바쁘니까 빨리 말해!"

한창 바쁜데 아이가 자꾸 말을 시키면 엄마들은 건성으로 대답하게 마련이다. 엄마가 이런 태도를 보이면 아이들은 처음에는 엄마한테 자기 말을 더 잘 들려주려고 하지만, 엄마의 태도가 바뀌지 않으면 나중에는 "엄마, 대체 내 말 듣고 있는 거야?" 하고 화를 낸다. 당신은 아이한테 이런 말을 들어본 적이 없는가? 아이 마음에 '다시는 엄마한테 얘기하나 봐라' 하는 기분이 들지 않도록 해야 한다.

초등학교 4학년 여자 아이 레카와 2학년 남자 아이 마사루를 둔, 직장을 다니는 엄마가 시간이 없을 때 아이들을 어떻게 대하면 좋을지 코칭을 의뢰해왔다. 회사 일을 마치고 집으로 돌아와서 바삐 식사 준비를 할라치면, 아이들이 반가운 마음에 조르르 달려와 말을 시키며 아래와 같은 상황이 매일 반복된다는 것이다.

아이의 성장을 막는 ~~나쁜 대화~~

마사루 : 엄마, 있잖아……

엄마 : (서둘러 채소를 썰면서) 응, 왜? ❶

마사루 : 오늘 학교에서 있지…….

엄마 : 뭐? (칼을 잡으면서) 위험하니까 저리 비켜.

마사루 : 있잖아…….

엄마 : 뭐? 왜 그러는데? 엄마 빨리 밥해야 하니까 빨리 말해. ❷

마사루 : 아니야, 됐어.

엄마 : 왜 그러는데? 이제 밥 차릴 거니까 너희는 식탁 좀 치워.

그때 레카가 말을 건다.

레카 : 엄마…….

엄마 : (냉장고 속을 들여다보면서 혼잣말로) 어머, 두부가 아직 남아 있었구나. ❸

레카 : 엄마는!

엄마 : 뭐? 나중에 말해. 식탁 치우라고 했지!

레카 : 됐어!

❶❸과 같이 뒷모습만 보인 채 아이의 말을 듣거나 아이의 말에 ❷와 같이 반응하면, 당신이 아무리 '귀로는 듣고 있다'는 신호를 보내도 아이는 '엄마는 듣지 않아'라고 생각한다. 아이의 말은 '온몸으로' 들어줘야 한다. 당신이 '들었다'라고 생각하는 것이 아니라 아이가 '내 이야기를 들어줬다'라고 생각하게 하는 것이 중요하다. '온몸으로 듣기'의 올바른 자세에 대해서는 듣기 기초 스킬편(64~65쪽)을 참조하자.

아이를 두 배로 성장시키는 코칭대화

마사루 : 엄마, 있잖아…….

엄마 : (마사루 쪽을 향해 눈을 맞추며) 응, 왜?❶

마사루 : 오늘 학교에서 있지…….

엄마 : (기분 좋게) 응. 학교에서……?❷

마사루 : (그 자리에서 머뭇거린다) 있지…….

엄마 : (다정하게 눈을 바라보면서) 응.

마사루 : 선생님한테 칭찬받았어.

엄마 : 뭐, 칭찬받았어? 좋았겠다. 우리 마사루 칭찬받을 일했어?❸

마사루 : 응, 있지…….

그때 레카가 말을 건다.

레카 : 엄마…….

엄마 : (레카를 바라보며) 응, 레카.❹

레카 : 나도 오늘 좋은 일 있었어.

엄마 : 정말? 좋은 일 있었어? 굉장하다.❺ 근데 있지, 엄만 너희 둘 얘기

자세히 듣고 싶은데, 지금 저녁 준비 때문에 바쁘거든. 나중에 밥 먹으면서 천천히 들으면 안 될까? ❻

레카, 마사루 : 좋아.

엄마 : 그래서 부탁이 있는데, 둘 다 엄마 좀 도와주지 않을래? 그러면 저녁 준비가 빨리 끝나서 그만큼 얘기 많이 할 수 있는데……. ❼

레카 : 알았어.

엄마 : 고마워. 그럼 우선은 둘이서 식탁 좀 치워줄래?

레카, 마사루 : 응.

　엄마는 아이의 말을 반복하면서 공감해주고 확실하게 받아들여야 한다. 귀로만 듣는 것이 아니라 ❷❸❺ 몸을 돌려 아이의 눈을 보며 ❶❹ 아이에게 온몸으로 관심을 표현해야 한다. 위 대화처럼 아이들은 엄마가 자기들의 이야기를 들어주면 한껏 기분이 좋아진다. 그러면 엄마는 이쯤에서 '이야기를 잘 듣기 위해서 지금은 도와줬으면 좋겠다'라는 메시지를 전달하라. ❻❼ 이 단계에서는 아이가 이미 엄마와 마음이 통했다고 생각하기 때문에 엄마 말에 순순히 따를 것이다. 엄마가 자신의 말을 '들어줬다'고 느낀 만큼 엄마에 대한 신뢰감이 쌓인다는 사실을 잊지 마라.

> ### 코칭대화 one point
> 시간이 없을 때 무리해서 아이들의 이야기를 듣고 있으면, 아이는 엄마의 태도에서 이미 '엄마가 내 이야기를 듣고 있지 않구나'라고 느껴 엄마에 대한 신뢰가 떨어진다. 그때는 차라리 "지금은 시간이 없으니 나중에 얘기하자" 혹은 "5분 안에 할 수 있다면 들어준다"는 식으로 말해서 시간을 벌어라.

05 지지하기로 아이의 꿈 키워주기
"난 꼭 부자가 될 거야!"

아이들은 '이다음에 자라서 난 ○○가 될 거야'라는 말을 곧잘 한다. 이런 말을 하면 부모들은 자신의 가치관을 아이한테 주입시키려고 하는 경우가 많다. 아이가 무엇이 되겠다고 하든, 어렸을 때부터 '반드시 ○○가 될 거야'라는 자신의 가능성을 믿고 자신을 긍정하는 마음을 기르는 게 중요하다. 그것을 지지해주는 것이 부모의 역할이다. 설사 어렸을 때의 꿈을 실현하지 못하더라도 자신이 좋아하는 것을 방해받지 않고 마음껏 좇으면 자신에게 기대하는 마음도 커진다. 그만큼 자신감과 자신의 소질도 발휘할 수 있게 된다.

초등학교 2학년 남자 아이인 고지 엄마, 아빠의 관심사는 온통 아들의 꿈을 키워주는 것이다. 온 가족이 틈만 나면 거실에 모여 앉아 아들의 장래에 대해 이야기를 꺼낸다고 한다. 그리고 고지가 자신의 꿈에 대해 이야기를 하면 엄마, 아빠는 두 귀를 쫑긋하며 들어주고 조언도 아끼지 않는다는데, 자 다음 대화를 한번 보자.

아이의 성장을 막는 나쁜 대화

엄마 : 고지는 커서 뭐가 되고 싶어?

아빠 : 다른 사람한테 도움이 되는 일이 좋지.

고지 : 음, 꼭 부자가 될 거야!

엄마 : 응?

아빠 : 고지, 부자는 일이 아니잖아.

고지 : 일은 상관없어. 부자가 될 거야.

엄마 : **그건 좋지 않아.** ❶ 요즘 텔레비전에서 부자들을 다룬 프로그램을 보면서 부럽다고 생각한 거니?

아빠 : 근데, 고지. 돈이 많다고 행복해지는 것은 아니야. ❷

엄마 : 그래. 세상에는 돈이 많아도 친구가 없는 사람도 있어. 돈 때문에 싸우는 사람도 많단다. ❸

고지 : 아니야!

아빠 : 하하하, 알았어 알았어. 부자라…… 될 수 있으면 좋지. 아빠도 돈 좀 많았으면 좋겠다.

고지 : 놀리지 마!

아이가 자신감과 포부에 차서 자신의 꿈을 말했는데, 부모가 '그건 아니야' 하고 저지한다면 아이의 기분은 어떨까?

고지의 엄마, 아빠는 고지가 "부자가 될 거야!"라고 한 말에 어떤 위기감과 쇼크를 느낀 듯하다. ❶~❸에서는 돈에 대해 부정적인 부모의 가치관이 느껴진다. 이렇게 되면 아이의 열의는 단번에 꺾이고 엄마, 아빠가 자신의 마음을 몰라준 데 대해 슬픔과 불만을 느낄 것이다. 위 대화에서 중요한 것은 "부자가 될 거야"라는 말에 담긴 아이의 생각이다. '왜 부자가 되고 싶은지'를 물어보면 고지에게 어떤 변화가 일어나게 될까?

아이를 두 배로 성장시키는 코칭대화

엄마 : 고지는 커서 뭐가 되고 싶어?

고지 : 음, 난 꼭 부자가 될 거야!

아빠 : 부자? 왜 부자가 되고 싶은데?❶

고지 : 돈이 많으면 뭐든 마음대로 할 수 있잖아.

엄마 : 그렇지. 돈이 있으면 할 수 있는 게 많아지지.❷

아빠 : 고지는 돈이 많으면 뭘 하고 싶은데?❸

고지 : 음, 세계의 모든 나라에 학교랑 병원을 만들고 싶어.

엄마 : 어머나! 어쩌다 그런 생각을 하게 됐어?❹

고지 : 돈이 없어서 학교에 못 가는 애도 있고, 병들어 죽는 애도 있잖아.

엄마 : 그렇구나. 고지는 그런 애들을 위한 일을 하고 싶은 거구나.❺ 우리 고지가 그렇게 착한 마음을 가지고 있다니 엄만 너무 기뻐.❻

고지 : 돈이 많으면 병원도 많이 지을 수 있지?

아빠 : 다 맞아. 병원을 지으려면 돈이 많이 필요하지. 그런데 고지가 그 돈은 혼자서 다 낼 거야?❼

고지 : (깜짝 놀라) 아니. 친구랑 함께 내도 좋겠지.

아빠 : 그렇구나. 고지가 부자가 되지 않더라도 병원을 짓고 싶다고 생각하는 사람들을 모아서 함께 돈을 내는 방법도 있겠다 그치?❽

고지 : 그렇네.

　아이가 장래 자신의 포부를 이야기할 때는 우선은 아이의 말에 공감해줘라.❶❷ 그런 다음, 아이에게 왜 그런 꿈을 갖게 됐는지 순수한 마음으로 질문해서 아이의 진짜 바람을 끌어내고❸❹ 그것을 인정하고 기뻐해줘라.❺❻ 또 그 꿈에 도달하는 다른 방법과 수단도 있음을 제시해 아이의 시야를 넓히는 것도 중요하다.❼❽ 부모가 성급히 자신의 의견을 말하기 전에 우선은 아이의 말 너머에 있는 것에 귀를 기울이자. 아이의 의욕은 그곳에서 생긴다.

> ### 코칭대화 one point
>
> 아이가 장래의 포부를 이야기하면 부모의 가치관을 강요하기보다 아이가 왜 그런 생각을 하는지 아이의 생각을 물어봐라. 부모가 자신의 가치관을 강요하면, 아이는 자신의 꿈이 부모로 인해 저지당했다고 생각해 부모를 원망하거나 분노를 느끼게 된다.

공감하기로 아이의 생각 듣기
"안 돼. 오늘까지는 쉬어야 돼!"

내 아이라고 항상 엄마의 뜻을 강요할 수만은 없다. 엄마들은 때때로 아이가 걱정된 나머지 아이의 행동을 억지로 막기도 한다. 하지만 아이가 간절히 바라거나 하고 싶은 것이 있다면 엄마가 아무리 말려도 소용이 없다. 엄마의 그런 행위는 오히려 역효과를 부를 뿐이다. 이럴 때 엄마들이 어떤 지혜를 발휘하면 좋을지, 유키의 예를 통해 보자.

초등학교 5학년인 유키는 학교 축구부 선수다. 유키는 축구를 정말 좋아해 축구 연습도 아주 열심이었는데 미열이 있어 며칠간 축구 연습을 쉬었다. 다음 날도 미열이 가시지 않아 엄마가 축구 연습을 못 하게 말렸더니, 아이는 엄마 말을 아랑곳하지 않고 그냥 가버렸다고 한다. 축구 연습을 하려는 유키와 엄마의 갈등을 한번 살펴보자.

아이의 성장을 막는 ~~나쁜 대화~~

엄마 : 유키, 축구하러 나가겠다고? **안 돼. 오늘까지는 쉬어야 돼!**❶

유키 : 괜찮아. 이제 다 나았어. 오늘 주전 선수를 뽑는 중요한 시합이 있어.

엄마 : **안 돼! 아직도 열이 있잖아.**❷ 무리해서 또 나빠지면 어쩌려고. 건강을 잃으면 아무 소용없어.

유키 : 괜찮다니까! 엄만, 내가 괜찮대도.

엄마 : **이번에 안 뽑히면 어때. 기회는 또 있어.**❸

유키 : 그건 엄마 생각이지. 난 갈 거야.

엄마 : 유키, 잠깐만.

현관을 나가는 유키를 쫓아가는 엄마.

유키는 주전 선수로 뽑히는 것을 목표로 지금까지 축구 연습을 해왔을 것이다. 유키도 건강을 지키는 게 중요하다는 것을 모르지 않는다. 그렇지만 꼭 달성하고 싶은 목표가 눈앞에 있는 상황인데, 엄마는 이런 아들을 이해하지 못하고 일방적으로 유키의 행동을 막으려고만 한 것이다.❶❷ 물론 아들의 건강을 위한 행동이지만, 엄마는 아들의 마음에 귀를 기울일 여유가 전혀 없었다. 엄마는 아들이 무슨 말을 해도 들으려고 하지 않고 주전 선수가 되려고 진지하게 노력하는 아이의 마음마저 가볍게 여기는 말도 내뱉았다.❸

이런 대화라면 아이는 엄마가 자신을 이해해주지 못하고 꿈을 이룰 수 있도록 응원해주지도 않는다고 여길 수 있다. 엄마와 아이가 서로를 이해할 수 있는 포인트가 어디에 있을지 다음 대화를 보자.

아이를 두 배로 성장시키는 코칭대화

엄마 : 유키, 몸은 어때?❶

유키 : 괜찮아. 벌써 다 나았어. 오늘은 주전 선수를 뽑는 아주 중요한 시합이 있어서 축구하러 가야 돼.

엄마 : 참, 오늘이구나. **열심히 연습했으니까 가고 싶겠구나.**❷

유키 : 오늘 빠지면 지금껏 노력한 게 헛수고잖아.

엄마 : 유키가 주전 선수로 뽑히면 당연히 기쁘겠지. 하지만 엄마는 유키가 열심히 노력한 게 더 기특한걸. **열심히 했으니까 헛수고는 되지 않을 것 같은데?**❸

유키 : 맞아. 그래도 꼭 주전 선수로 뽑히고 싶어.

엄마 : **네 마음은 알겠어. 그래도 좀 걱정돼.**❹ 아직도 열이 있잖아.

유키 : 엄마, 이제 괜찮아.

엄마 : (유키 이마에 손을 짚으며) 확실히 좀 내리긴 했네.

유키 : 거 봐. 내가 괜찮다고 했잖아.

엄마 : 그래도······.

유키 : 오늘은 정말 괜찮단 말야, 가게 해줘, 응?

엄마 : 가도 좋아. 하지만 하나만 약속하자. 몸이 안 좋아지면 무리하지 말고 쉬어야 해. 코치 선생님께도 네가 몸이 좀 안 좋으니까 신경 써달라고 엄마가 미리 전화해둘게.

유키 : 알았어.

엄마 : 그럼, 우리 유키 화이팅이야! 엄마도 응원하고 있을게.

유키 : 응.

엄마가 아이의 행동을 무조건 막아서는 안 된다. 아이가 처한 현재 상황과 아이를 진심으로 걱정해주고 ❶ ❹ 아이의 강한 의지에 공감해줘라. ❷ 그리고 그동안의 노력을 인정해줌으로써, 엄마가 자신의 편이고 자신을 진심으로 걱정하고 있다는 것을 느끼게 해주어야 한다. 그러면 아이도 엄마에게 순순히 마음을 열게 된다. ❸ 엄마가 아이 편이고 서포터라는 것을 확실히 전달한 것이다.

이처럼 아이에게 일방적으로 자신의 뜻만 전달하는 것보다 아이의 마음에 공감하는 자세가 아이와의 관계를 훨씬 좋게 이끈다. 엄마에 대한 자식의 신뢰감도 그런 가운데 싹트는 것이다.

> ### 코칭대화 one point
> 아이가 걱정된다고 아이의 행동을 무조건 막으면 오히려 역효과가 난다. 이 때는 엄마가 일방적으로 자신의 의사를 전달하기보다, '~하고 싶겠구나' '하지만 네가 걱정이 돼' 하는 식으로 아이의 마음에 공감해줘라. 그러면 아이와 훨씬 좋은 관계를 가질 수 있다.

07 말할 수 있는 환경 만들기
"왜 학원 안 갔어? 대체 어쩌려고!"

다른 사람에게 자신의 잘못이나 말하기 어려운 것을 털어놓기 위해서는 용기가 필요하다. 더욱이 아이들은 잘못한 일을 부모에게 말하면 야단을 맞을까봐 걱정이 돼 더욱 얘기하기 힘들다. 그렇다면 용기는 언제 어느 때 자연스럽게 나올 수 있을까? 당신은 어떤 사람에게 자신의 속마음을 솔직하게 드러낼 수 있는지 그것을 한번 잘 생각해보라.

초등학교 3학년 남자 아이 쇼타의 엄마는 쇼타가 한 달 동안이나 학원을 무단결석했다는 사실을 알고 깜짝 놀랐다. 도대체 아이를 어떻게 대해야 할지, 쇼타가 학원에서 열심히 공부하고 있을 것이라고 생각했던 쇼타의 엄마, 아빠는 충격이 이만저만이 아니었다.

아이의 성장을 막는 나쁜 대화

아빠 : (언짢은 표정과 엄격한 말투로) 쇼타! 왜 엄마, 아빠가 화났는지 알고 있지?❶

쇼타 : (겁먹은 표정으로) …….

아빠 : 엄마, 아빠한테 거짓말하고 학원을 빼먹다니. 대체 어쩌려고 그러는 거야? 그렇게 입 다물고 있지 말고 뭐라고 말 좀 해봐.❷

쇼타 : (고개를 숙인 채) …….

엄마 : 여보, 그렇게 화내지 말고 용서해줘요.❸ 쇼타도 반성하고 있을 거예요❹ 쇼타, 잘못했다고 생각하고 있지?❺ 아빠한테 앞으로 안 그러겠다고 말씀드려.❻

아빠 : 당신이 맨날 애 역성을 드니까 애가 저 모양이잖아.

엄마 : 왜 괜히 나한테 짜증이에요.

쇼타 : 엄마, 아빠 잘못했어요.

아빠 : 너 진심이지? 앞으로 또 이런 일 있으면 가만 안 둘 거야.❼

부모들은 기대를 걸고 있던 아이가 실망을 시키면 대부분 분노의 감정을 삭이지 못해 아이한테 그대로 쏟아붓는다. 쇼타의 아빠도 위압적인 표정과 마치 범인을 취조하는 형사 같은 말투로 쇼타를 계속해서 야단치고 있다. ❶❷ 이런 상황에서 아이와 정면으로 마주 앉으면 아이한테 긴장감을 주어 편히 대화하기 어렵게 된다는 것을 기억하자. 한편, 엄마는 아이를 책망하는 아빠를 진정시키고❸, 아이의 마음을 대변하며 아이한테 반성을 재촉하다 오히려 아빠한테 핀잔을 들은 꼴이다. ❹~❻ 엄마들은 아이와 아빠가 부딪히면 일단은 그 상황을 빨리 수습하려고 한다. 이때 설령 아이가 엄마 말을 받아들여 아빠에게 잘못했다고 말한다고 해도 그것은 엄마 말을 들어서가 아니다. 아이 역시 아빠가 무서워 그 상황을 벗어나려는 심리가 크게 작용한 것일 뿐이다.

이처럼 아이를 야단치는 아빠와 반성을 재촉하는 엄마의 커뮤니케이션은 얼핏 보기엔 전혀 다른 것 같다. 하지만 사실은 아이의 마음을 알려고 하지 않고 자신의 말만 전달하려고 한다는 점에서는 공통점이 있다. 그렇게 되면 아이에게 반성할 기회를 주지 못한다. 중요한 것은 아이의 마음을 확인하는 것이다. 그 첫걸음은 우선 아이가 말하기 편한 환경을 만들어주는 것임을 잊지 말자.

아이를 두 배로 성장시키는 코칭대화

쇼타를 부른 엄마, 아빠는 쇼타와 함께 거실 소파에 앉는다. ❶

아빠 : 쇼타, 우리 얘기 좀 하자. 쇼타가 좀 말하기 어려워도 엄마, 아빠가 묻는 말에 솔직하게 대답해줬으면 좋겠어. ❷

쇼타 : …….

아빠 : 네가 그동안 연락도 없이 학원에 안 갔다는데 사실이니?

엄마 : 엄마도 아빠도 있는 그대로를 알고 싶어. 혹시 쇼타가 혼자서 고민하고 있는 게 있다면 들어주고 싶고.❸

쇼타 : (작은 소리로) 고민하고 있는 건 아닌데……

아빠 : 고민하고 있는 건 아닌데?❹

쇼타 : 학원에서 배우는 공부가 학교보다 어려워. 3개월 전부터 점점 따라가기가 힘들어졌어. 그래서 학원 가기 싫어져서…….

엄마 : 그랬구나. 계속 힘들었겠네?❺

아빠 : 우리 쇼타가 학원 잘 다니고 있는지 어떤지 진작 물어볼걸 그랬네.

쇼타 : 엄마, 아빠 학원 빠져서 죄송해요.

엄마 : 그래. 말없이 빠진 건 잘못이야. 엄마, 아빠도 많이 놀랐어. 앞으로는 고민 있으면 엄마, 아빠한테 말해.

쇼타 : 네.

아빠 : 그나저나 앞으로가 더 중요한데 쇼타는 어떻게 했음 좋겠어?❻ 다른 학원을 찾아볼까? 아님 혼자서 공부해볼래?❼

쇼타 : 어떻게 하면 좋을지 좀 더 생각해볼게요.

　아이를 야단칠 때 부모가 아이의 정면이 아니라 옆으로 앉으면 아이의 부담감을 덜어줄 수 있다. 이러한 상황은 아이의 미묘한 태도나 행동에 많은 영향력을 미친다.❶ 또 다짜고짜 아이에게 야단부터 치기보다 우선은 아이의 마음을 헤아리고❷, 아이와 함께 생각하는 '같은 편'이라는 자세를 보여주어야 한다.❸ 아이를 책망하거나 몰아세우지 않고 아이의 상태에 페이싱하며 대화하는 것이 포인트다. 그리고 아이의 말을 반복하며 들어주고❹ 아이의 감정을 헤아리면❺ 아이는 안도감을 느끼고 마음을 열어 자연스럽게 반성하는 태도를 보이게 된다.

무엇보다 아이가 자신의 행동을 돌아보고 앞으로 어떻게 할지를 판단하고 보다 나은 행동으로 나아가는 것이 중요한데, 부모가 적절한 질문을 던지면 아이가 그 방안을 보다 쉽게 찾을 수 있다.❻❼

이처럼 안정되고 신뢰가 넘치는 환경에서 자란 아이가 스스로 생각하고 판단하고 자신감 있게 행동할 수 있음을 명심하자.

> **코칭대화 one point**
>
> 아이가 부모를 속이거나 어떤 잘못을 했을 때는, 아이와 정면으로 마주 대하고 앉아 정색하고 따져 묻기보다 아이가 편안하게 말할 수 있도록 옆으로 앉아서 말하는 것도 한 방법이다. 이러한 상황은 미묘하지만 아이의 태도나 행동에 많은 영향을 미친다.

08 아이 말에 담긴 속뜻 알아듣기
"오늘 시험은 최악이야, 최악"

아이가 거친 말을 불쑥 내뱉으면 당신은 어떻게 하는가? 혹시 당신의 잣대로 아이 말을 받아들여 아이를 야단친 적은 없는가? 아이들은 가끔 엄마들이 이해할 수 없는 언어로 말을 할 때가 있다. 어떨 때는 아이의 말만 가지고 괜히 약이 올라 아이를 호되게 야단치기도 한다. 하지만 아이가 왜 그런 말을 하는지 진짜 이유를 알아야 한다.

미카는 수학을 잘 못하는 초등학교 4학년 여자 아이다. 어느 날 미카가 엄마에게 수학 시험 점수를 얘기하는데, 엄마는 평소보다 좋은 점수를 받은 미카에게 잘했다는 칭찬을 했다고 한다. 그런데 미카는 화를 내며 엄마에게 대들었다는데 미카가 왜 그랬는지 한번 보자.

아이의 성장을 막는 ~~나쁜 대화~~

엄마 : 미카, 오늘 시험 어땠니?

미카 : (억울하다는 듯) 최악이야!

엄마 : **최악이라고? 역시 수학을 잘하려면 학원을 가야 돼. 공부하는 방법을 배우는 게 좋다고 엄마가 늘 말했지?** ❶

미카 : (불만스러운 듯) …….

엄마 : 뭐야? 삐친다고 뭐 달라지니? 좀처럼 성적이 오르질 않는다니까.

미카 : 아니야!

미카는 엄마에게 시험지를 보여준다. 85점. 여느 때보다 높은 점수다.

엄마 : 85점! 잘했네? 근데 왜 최악이라고 했어?

미카 : 사소한 실수만 하지 않았으면 90점 받을 수 있었단 말이야.

엄마 : **그래도 잘했잖아.** ❷

미카 : (불만스러운 듯) **학원 안 가고도 나 혼자 했단 말이야.** ❸

엄마 : 그러니까 학원을 갔으면 점수가 더 많이 오를 수도 있었잖아.

미카 : 몰라. 엄마만 항상 엄마 생각만 중요해.

엄마 : 아니 쟤가.

엄마는 미카가 '최악'이라고 하는 말만 듣고 '최악=나쁜 점수'라고 해석한 뒤 일방적인 설교를 늘어놓았다.❶ 아이가 열심히 노력한 결과를 인정하고 칭찬해줄 기회를 놓친 것이다. 그러면 아이는 엄마의 그런 태도에 마음이 상해 나중에 엄마가 칭찬을 해주어도 마음이 풀리지 않는다.❷❸ 아이를 이해하려면 아이의 말뿐만 아니라 말 속에 담겨 있는 마음을 알아듣는 것이 중요하다.

필자의 자녀교육 코칭 클래스에 참석했던 분의 얘기다. 그분의 아들 오사무는 학교 릴레이 대표 선수인데 2년 연속 후보 신세를 면치 못했다고 한다. 그해의 주전 선수를 뽑던 날, 풀이 죽어 집에 들어오는 아들에게 엄마가 "올해도 안 됐어? 엄마 기대하고 있었는데!"라고 했더니, 아들이 "내가 선수로 뽑히면 엄마가 으스대며 다닐 거 아냐. 그게 싫어서 일부러 천천히 뛰었어"라고 대들더라는 것이다. 아들의 이 말에 엄마는 화가 나 아들을 혼내주었다고 한다. 그런데 옆에서 두 사람의 대화를 듣고 있던 딸아이가 이러더라는 것이다. "엄마, 오사무는 열심히 뛰었어. 그런데 엄마가 그걸 몰라주니까 마음에도 없는 말을 한 거야." 딸의 생각지도 못한 지적에 이 엄마는 뒤통수를 한 대 맞은 기분이었다고 한다.

이처럼 아이들은 기분이 상하면 자기 본심이 아닌 말을 할 수도 있다는 걸 꼭 유념해두기 바란다. 위의 상황에서는 다음과 같이 대화를 끌어가는 것이 좋다.

아이를 두 배로 성장시키는 코칭대화

엄마 : 미카, 오늘 시험 어땠니?

미카 : (억울하다는 듯) 최악이야!

엄마 : (잠깐 아무 말 않다가) 최악? 최악이라니?❶

미카 : 사소한 실수만 하지 않았으면 90점 받을 수 있었단 말이야.

엄마 : 뭐?

미카는 엄마에게 시험지를 보여준다. 85점. 여느 때보다 높은 점수다.

엄마 : 85점! 대단하다. 우리 미카, 잘했구나.❷

미카 : 하지만 시험 보고 나서 한 번 더 살펴봤으면 90점 받았을 텐데. 아, 정말 억울해.

엄마 : 억울하겠다.❸ 그래도 엄만 좋은걸. 이번엔 이만큼 한 것도 잘했어. 다음번엔 더 잘하자!❹

미카 : (기분 좋은 듯) 응.

엄마 : 그런데 이번에 어떻게 공부했어?

미카는 기분 좋게 자신이 노력한 사항들을 늘어놓기 시작한다.

엄마 : 역시 우리 미카는 똑똑해.

미카 : 엄마 딸이잖아.

엄마 : 뭐라고? 하하!

엄마, 미카 둘 다 아주 유쾌하게 웃는다.

설사 아이가 당혹스러운 말을 하더라도 아이의 말에 놀라 바로 대응하기보다는 우선은 아이의 말을 반복해서 들어주며 상황을 파악해보라.❶ 위 대화에서 미카의 "사소한 실수만 하지 않았으면 90점 받을 수 있었단 말이야"는 말처럼, 그런 말을 하는 아이의 속마음을 들을 수 있을 것이다. 그리고 아이의 억울한 마음에 공감하면서도❸ 그 결과를 온 마음으로 기뻐해주고 축하해줘라.❷❹ 부모가 기뻐하는 모습을 보이거나 칭찬을 해주면 아이의 자긍심은 더욱 높아져 무한한 발전의 원동력이 된다.

아이는 어른에 비해 어휘를 구사하는 능력이 부족하고 자신의 마음을 능숙하게 표현하지 못하는 경우도 많다. 그렇기 때문에 엄마는 아이의 말 자체에만 얽매이지 말고 그 너머의 것까지 파악하려는 배려를 아끼지 말아야 한다.

> **코칭대화 one point**
>
> 아이들이 때로 과격한 언어를 쓰더라도 너무 정색하고 아이를 다그치지 말아라. 어른들이 받아들이는 말과 그 말을 사용한 아이의 속뜻이 다를 수 있다. 아이가 쓰는 말 자체보다는 왜 그런 말을 하는지 아이의 진심을 헤아리는 배려가 필요하다.

코칭대화 듣기 기초 스킬

◉ 진심으로 듣기

진심으로 '듣는 것'은 아이가 하고자 하는 말을 '귀로 듣는 것'이 아니라 진심 어린 마음으로 받아들이는 것이다. 나아가 아이가 '내 이야기를 잘 들어주고 있구나'라고 느끼게 하는 것이다. 이야기하기를 좋아하는 사람일수록 의외로 남의 이야기를 잘 듣지 못하는 사람이 많다. 사람은 누구나 '내 기분을 알아줬으면! 들어줬으면' 하는 마음을 지니고 있다. 그런 만큼 이야기를 잘 들어주는 엄마는 아이에게 소중하고 신뢰할 수 있는 존재가 된다.

아이의 말 가로채지 않기 아이가 막 말을 시작하려는데 아이의 말을 가로채는 엄마들이 의외로 많다. 예를 들어 아이가 "엄마, 좀 전에 케로로 했는데 정말 재미있어" 하는 말을 꺼내자마자, 엄마가 "정말 케로로 했어? 엄마도 케로로 정말 좋아하는데" 하면서 아이의 말을 가로채는 것이다. 그러면 아이는 자기가 무슨 말을 하려고 했는지 잊어버리고 말문이 막히게 된다.

아이를 무안하게 만들지 않기 아이가 무슨 말을 하려고 하면 아이의 말을 잘라버리고 자기 할 말만 하는 엄마들도 많다. 언젠가 친구의 집에 갔는데, 친구의 아이가 바깥에서 뛰어들어오며 "엄마, 좀 전에 문구점에 갔다 왔는데 신기한 조립 로봇이 있었어" 하며 좋아라 말을 꺼냈다.
그때 친구는 '저 녀석이 혹시 사달라는 건 아니겠지? 돈 없는데 말야'라고 생각했는지, 아이의 말이 끝나자마자 재빨리 "엄마, 돈 없어서 안 돼! 알지?"라고 말했다. 그러자 아이는 볼멘 목소리로 "누가 사달래?"라며 기분 상해 하는 것이다. 아이가 말을 꺼낸다고 그 말대로 해달라고 하는 것은 아닐 수도 있으니 조심하자.

아이의 이야기를 피하거나 방관하지 않기 아이의 생각을 무시해버리는 엄마들도 있다. 필자에게 코칭을 의뢰했던 한 엄마의 이야기다. 아이가 학교에서 쉬는 시간에 "엄마, 책가방이 무거워서인지 어깨도 아프고 머리도 아프고 그래" 하는 전화를 걸어왔다고 한다. 엄마는 속으로는 걱정이 돼 안절부절하면서도 "엄마가 어젯밤에 컴퓨터 그만하고 자라고 했잖아"라고 말했더니 아이가 전화를 확 끊어버렸다는 것이다. 이는 엄마가 '자신의 생각'을 억누르지 못해 아이가 '하고 싶은 말'을 받아들이지 못하는 경우다. 아이의 의중을 잘 파악하며 이야기를 하는 것이 중요하다.

● 말 반복하기

때로는 엄마가 아이의 말꼬리를 반복하기만 해도 아이가 속마음을 쉽게 털어놓는 효과를 볼 수 있다. 언젠가 초등학생 학부모들을 대상으로 한 클래스에서 이 효과를 설명하기 위해 '듣는 사람'과 '말하는 사람' 2인 1조로 나누어 아래와 같은 방식으로 '말 반복하기' 실습을 한 적이 있다.

A : 나 어제 〈스타워즈〉 보러 갔었어!
B : 그랬구나!
A : 근데, 사람이 엄청 많더라구. 내 친구는 전날 밤새 줄 서 있었대!
B : 밤을 샜다고?

실습이 끝나고 수강자들에게 소감을 물었더니, '듣는 사람' 그룹은 "남의 말을 단순히 반복하는 게 어렵다" "왠지 오버하는 것 같아서 창피했다"는 의견이 많았다. 반면 '말하는 사람' 그룹은 "내가 말하는 것을 잘 듣고 있다는 느낌이 들었다" "상대방이 내 말을 반복하고 있다는 것을 느끼지 못했다"는 상반된 견해를 밝혔다. 말 반복하기는 아주 단순해 보이지만, 말하는 사람에게 '당신의 말을 잘 듣고 있다'는 것을 전달하는 힘이 있으므로 매우 효과적이다.

● 온몸으로 듣기

아이의 말을 아무리 '듣고 있는 척' 해도 아이는 엄마의 사소한 표정이나 행동에서 이미 엄마가 자신의 이야기를 듣고 있지 않다는 것을 알아차린다. 아이의 눈은 생각보다 예리하고 마음은 민감하다는 사실을 잊지 마라. 아이한테 '엄마는 네 이야기를 듣고 있어' 하고 생각하게 만드는 것이 중요하다.

아이의 눈을 보아라 다른 사람들과 이야기할 때 상대가 자신의 눈을 보지 않으면 기분이 나쁘다는 사람들이 의외로 많다. 눈은 마음의 창이다. 학부모들을 2인 1조로 나누어 '상대의 눈을 보지 않고 이야기를 듣는' 실습을 한 적이 있다. 상대의 눈을 보고 이야기를 하는 그룹과 보지 않고 이야기를 하는 그룹이었는데, 상대의 눈을 보지 않는 그룹에 속한 참가자들은 '이야기를 끌어가기 힘들다'는 반응을 보였다. 그런데 그 그룹에 있던 한 엄마가 갑자기 울기 시작하는 것이 아닌가. 세 명의 자녀를 둔 젊은 엄마로 "아이들한테 매일 눈도 마주치지 않고 얘기했는데 아이들이 얼마나 슬펐을지 깨달았어요"라는 것이었다. 혹시 여러분도 아이들을 대할 때 이 엄마처럼 하고 있지 않은지 자신을 되돌아보자.

아이의 말에 고개를 끄덕이거나 맞장구를 쳐라 아이가 이야기를 하는 중간 중간 고개를 끄덕이거나 맞장구를 쳐주면 아이한테 '너의 이야기를 똑바로 듣고 있어'라는 느낌을 전해줄 수 있다. 맞장구의 예로는 '뭐?' '응, 응' '그래서?' '그렇구나' '그런데?' 등이 있다. 이런 맞장구 없이 얘기를 듣고 있으면, 그 얘기를 아무리 열심히 듣고 있어도 상대는 자신의 얘기를 듣고 있는지 어떤지 알 수 없는 기분에 사로잡힌다.

자신의 자세나 몸짓을 의식하라 아이와 이야기를 할 때 자신의 몸이 아이를 보고 있는지 잘 살펴보자. 특히 눈높이를 맞추는 것이 중요하다. 턱을 괴거나 팔짱을 끼는 행위는 아이에게 압박감을 주므로 피하자. 자신도 모르게 나오는 버릇도 아이에게 안 좋은 감정을 유발시킬 수 있으므로 조심하는 것이 좋다.

자신의 표정 의식하기 강연을 하다 보면 인상을 잔뜩 찌푸리고 강연을 듣는 사람들을 많이 보게 된다. 그러면 괜스레 불안해지면서 '내 얘기가 재미없나?' '내가 싫은가?' 등등 별의별 생각을 다하게 된다. 그런데 어느날 필자도 그들과 똑같은 표정을 하고 있다는 사실을 깨달았다. 어떤 카페에서 열심히 강연 준비를 하다 문득 거울을 보았는데 그 속에는 인상을 잔뜩 찌푸린 한 여자의 얼굴이 보였다. 어찌나 사나운 표정을 짓고 있던지……. 사람들은 뭔가에 열중하거나 집중할 때면 의외로 무서운 표정을 짓곤 한다. 아이들은 어른들보다 더 민감하게 받아들이므로 아이들과 이야기할 때 여러분의 표정이 어떤지 잘 살펴보기 바란다.

● 시간 벌기

시간이 없을 때 억지로 아이의 이야기를 듣고 있으면, 엄마의 태도에서 아이는 이미 '엄마가 내 얘기를 듣고 있지 않구나' 하는 것을 느낀다. 이럴 때는 "지금은 시간이 없으니까 다음에 이야기하면 안 될까?"라고 묻거나 "5분 안에 할 수 있다면 들어줄게" 하는 게 효과적이다. 엄마의 이런 작은 센스 하나가 내 소중한 아이의 마음을 다치지 않게 한다는 사실을 기억하자. 아이가 마음을 닫기는 쉽지만 닫힌 마음을 풀게 하려면 의외로 어려울 수도 있다.

질문하기

코칭이 아이의 자발성과 살아갈 힘을 길러주는 관계법이라면, 코칭에서 질문은 아이 안에 있는 가능성을 발굴해내는 '삽'과 같은 것이다. 부모와 신뢰관계를 쌓고 자신의 생각을 자유롭게 펼칠 수 있는 환경 속에 있는 아이들은 편안한 마음으로 자신과 마주하고 생각하며 '해답'을 발견하려 한다. 부모에게 의존하지 않고 자신이 스스로 찾아낸 답이라면 책임감도 느껴 자발적인 행동으로 이어진다. 또 자발적인 행동은 자신감을 키우고 에너지를 샘솟게 한다. 아이의 성장과 자립을 촉진하는 질문 포인트를 알아보자.

PART
02

생각 정리하기로 아이의 의욕 끌어내기
"실수만 없었으면 90점 받았을 텐데."

아이가 좋은 성적을 받아왔다. 엄마라면 당연히 기쁘고 아이에게 칭찬을 해줄 것이다. 아이도 엄마가 좋아해주면 기쁨이 두 배가 될 것이다. 하지만 지금의 성장에 머물지 않고 이것을 기회로 아이에게 더 큰 성장을 끌어낼 수도 있다. 어떻게 하면 좋을지 미스즈의 예를 통해 한번 살펴보자.

수학을 어려워하는 미스즈가 어느 날 80점을 받아왔다. 이 점수는 그 어느 때보다 잘한 점수다. 미스즈의 엄마는 아이에게 칭찬을 아끼지 않았다고 하는데 코칭의 관점에서 보면 조금 아쉬운 대화일 수 있다. 어디가 부족한지 한번 보자.

아이의 성장을 막는 ~~나쁜 대화~~

미스즈 : (조금 쑥스러워하며) 엄마, 이거…….

엄마 : 이번 시험 결과구나. (기뻐하며) 와, 80점! 굉장하네.❶
(미스즈의 얼굴을 보며) **잘했네!**❷

미스즈 : (쑥스러워서) 응. 그냥 좀 열심히 했더니…….

엄마 : **조금 열심히 했을 뿐인데 이렇게나 잘했어? 어떻게 공부했어?**❸

미스즈 : 매일 조금씩 복습을 했을 뿐이야.

엄마 : **복습만 조금 한 거야? 우리 미스즈, 너무 대단한데?**❹

미스즈 : 응. 그래도 실수만 하지 않았으면 90점 받았을 텐데, 좀 아쉬워.

엄마 : **아냐, 그래도 대단해. 엄만, 정말 기분 좋아!**❺ 오늘 저녁은 미스즈가 좋아하는 불고기 해줄게.

미스즈 : 와, 신난다!

대부분의 엄마들은 아이가 평소보다 조금이라도 잘하면 칭찬을 아끼지 않을 것이다. ❶~❺ 그러나 아이를 성장시키려면 좀 다른 방법을 써야 한다. 아이는 앞으로도 계속 공부를 해야 한다. 이런 체험을 '잘된 일'로만 끝내서는 안 된다. 앞으로 더욱 아이의 실력을 쭉쭉 올라가게 하려면 다음과 같은 대화를 나누어야 한다.

아이를 두 배로 성장시키는 코칭대화

미스즈 : (조금 쑥스러워하며) 엄마, 이거…….

엄마 : 와, 80점! 우리 미스즈 정말 열심히 했구나. **엄만 정말 기쁜데, 미스즈는 어때?** ❶

미스즈 : 나도 기분 좋아. 그런데 좀 억울해.

엄마 : 억울해? ❷ **뭐가?**

미스즈 : 실수만 하지 않았다면 90점 받았을 텐데.

엄마 : 그럼, 어떻게 하면 실수가 없어질까? ❸

미스즈 : 한 번 더 꼼꼼히 살펴봐야겠지. 다음번엔 실수 절대 안 할 거야.

엄마 : 그럼, 다음번엔 몇 점 받을 거 같애? ❹

미스즈 : 90점.

엄마 : 엄마, 꼭 기대하고 있을게.

엄마는 어떤 상황에서든 아이의 노력을 인정하고 기뻐해주어야 한다. 또 결과 그 자체보다는 아이가 시험 결과를 어떻게 생각하고 있는지 확인하는 게 중요하다. ❶ 그래서 위 대화의 '억울하다, 더 잘할 수 있다' 처럼 아이의 속내를 끌어내라. ❷ 또 앞으로 같은 실수를 반복하지 않으려면 어떻게 해야 할지를 물어 아이 스스로 생각할 수 있게 해야 한다. ❸ 그러면 위 대화에서 미스즈가 '한 번 더 꼼꼼히 살펴보기'라는 앞으로의 대책을 생각해냈듯이, 자신이 앞으로 어떻게 해야 할지 알게 된다. 그 단계에서는

엄마가 아이의 강한 동기부여를 끌어낼 수 있다.❹

하나의 체험에는 앞으로의 성장 재료가 많이 들어 있다. 아이가 실패했다면 무엇이 잘못돼서 실패했는지, 또 성공했다면 어떤 요인으로 성공했는지 짚어보게 하라. 그것을 끌어내주는 것이 효과적인 질문이다.

코칭대화 one point

아이가 좋은 일을 체험했을 때는 칭찬으로만 끝내지 말고 "앞으로 어떻게 하면 좋을까?" 등의 효과적인 질문을 이용해 아이가 더욱 성장할 수 있는 발판으로 만들어야 한다. 그래야 아이가 성공 체험에 머물지 않고 더욱 성장할 수 있다.

 아이의 자주성 끌어내기
"휴지랑 손수건 챙겼어?"

아이가 처음 겪는 일은 엄마에게도 첫경험이다. 특히 첫아이일 경우는 더욱 그러하다. 아이가 새로운 일을 하려고 할 때, 필요 이상으로 걱정하거나 참견해서 못하게 하거나 아예 엄마가 대신해주지는 않는가? 엄마의 이런 '배려'가 아이의 성장을 방해하고 있는 건 아닐지, 타이조의 사례를 보며 자신을 한번 돌이켜보자.

초등학교 5학년인 타이조가 학교에서 1박 2일로 캠프를 떠나기 전날. 캠프에 처음 참가하는 타이조가 한껏 들떠서 준비물을 열심히 챙기고 있는데 엄마가 끼어들어 타이조의 준비물 챙기는 걸 도와주었다. 타이조의 엄마는 자신의 방식에 뭔가 문제가 있다는 생각이 들었다. 자, 그날의 상황을 한번 보자.

아이의 성장을 막는 나쁜 대화

엄마 : 빼놓는 것 없이 잘 챙겨. 혼자서 할 수 있겠어?

타이조 : 엄마, 신문지 있어?

엄마 : 신문지? 돗자리가 아니고?❶

타이조 : 이번엔 신문지 가져가기로 했어.

엄마 : 비가 오면 어쩌니? 돗자리가 낫지 않아?❷

타이조 : 아니야. 다른 애들도 다 신문지 가져올 거야.

엄마 : 혹시 모르니 돗자리도 가져가면 좋잖아. 휴지랑 손수건 챙겼어?❸

타이조 : 아직. 이제 챙길 거야. 내가 알아서 할게.

엄마 : 좀 보여줘봐. 이거면 다 됐어? 선생님이 다른 건 말씀 안 하셨니?❹

타이조 : 이것밖에 없었어. 엄마, 나 혼자 할 수 있어.

엄마 : 그러고서 빼먹는 것 있어도 엄만 몰라.

아이가 실수 없이 캠프를 즐기길 바라는 '엄마의 마음'이 지나쳤다. 그래서 이래라 저래라 참견하고 자신의 생각을 밀어붙이며❶❷ 아이가 생각하기 전에 이것저것 확인 질문을 반복하고 있다.❸❹ 엄마가 이렇게 처음부터 끝까지 챙겨줬다면 아이가 캠프장에서 어려움을 겪을 일은 없을 것이다. 하지만 엄마가 아이를 '혼자서는 제대로 못하는 존재'라고 여기는 관계가 지속될 경우 어떤 일이 일어날까? 아이는 '엄마에게 맡겨두면 안심할 수 있다'고 믿게 되어 점차 엄마에게 의존하게 된다. 엄마가 필요 이상으로 간섭하는 것은 아이 스스로 생각하고 움직이고 배울 기회를 빼앗는 것이다. 아이의 자주성을 촉진시키는 방법이 필요하다.

아이를 두 배로 성장시키는 코칭대화

엄마 : 준비는 어떻게 돼 가? ❶

타이조 : 응, 이제 옷만 챙기면 돼.

엄마 : 꽤 많이 했네? ❷

타이조 : 아, 신문지 빠뜨렸다.

엄마 : 창고에 많이 있어. 그런데 뭐에 쓰려고?

타이조 : 돗자리 대신 쓰려고.

엄마 : 그래. 어느 정도 있으면 되는데? ❸

타이조 : 음, 하루 치 정도. 아, 혹시 모르니까 이틀 치가 좋겠다.

엄마 : 이틀 치면 돼?

타이조 : 아, 맞다! 비 올지 모르니까 사흘 치로 할까? 그럼 좀 무겁겠네.

엄마 : 그렇네. 신문지 말고 비올 때 뭐가 좋을까? ❹

타이조 : 방수되는 게 좋겠어. 비닐 돗자리 있어?

엄마 : 좋은 생각이야. 돗자리 있어. 가져갈래?

타이조 : 그래. 비 와도 돗자리 깔면 돼.

엄마 : 뭐 또 엄마가 도와줄 거 없어? ❺

타이조 : 아니. 나머진 내가 할 수 있어.

엄마 : 그래. 그럼 내일 무슨 일 있으면 엄마 핸드폰으로 전화해. ❻ 엄마도 내일 화창한 날씨 되길 기도할게.

타이조 : 응.

 아이가 다소 미덥지 못하더라도 엄마가 아이를 신뢰하는 것이 중요하다. 또 질문을 할 때도 엄마의 생각이나 의견을 강요하는 느낌이 없도록 해야 한다. ❶~❹ 기본적으로 아이의 방식에 맡기면서 아이가 보다 좋은 방법을 생각해낼 수 있도록 도와준다. 이것이 아이의 가능성을 믿고 그것을 끌어내고자 하는 코치로서의 자세이다. 더욱이 엄마는 아이의 자주성을 존중하면서도 필요할 때에는 언제라도 도울 수 있는 적정 거리를 유지해라. ❺❻ '아이를 믿고 맡긴다'는 것은 아이에게 눈을 떼고 관심을 갖지 않아도 된다는 것이 아니다. 오히려 거리를 조절하며 관심을 갖는 것이다. 아이는 체험을 통해서 판단력과 사고력, 혼자서도 할 수 있다는 자신감을 쌓아간다. 이처럼 아이의 성장을 지켜보면서 아이 스스로 할 수 있는 기회를 만들어주자.

> **코칭대화 one point**
>
> 아이가 무엇을 하려고 할 때 아이가 다소 미덥지 못하더라도 엄마가 하나부터 열까지 챙겨주기보다, 아이가 하는 대로 지켜보면서 '뭐가 좋을까?' 같은 간단한 질문으로 아이가 보다 좋은 방법을 생각할 수 있도록 도와줘라. 혼자서도 잘하는 아이와 혼자서는 아무것도 못하는 아이는 결국 엄마가 만든다.

03 질문을 '책망의 도구'로 사용하지 않기
"혼자 씻고 올 수 있지?"

아이들 뒤치다꺼리에 하루해가 어떻게 지는지도 모르는 우리 엄마들. 자칫하면 아이들에게 하루 종일 "숙제 했어?" "학원 갔다 왔어?" "옷 갈아입으라고 했는데 왜 안 갈아입었어?" 등등 아이들을 다그치는 질문이 아닌 책망을 쏟아놓기 쉽다. 하지만 책망으로는 아이의 반발심만 키울 뿐이다. 쇼지의 엄마 시나코도 마찬가지였다. 자, 다음 대화를 보자.

쇼지의 엄마 시나코는 성실하고 무슨 일에든 완벽을 추구하는 성격이다. 그러다 보니 네 살 난 아들 쇼지의 행동이 어딘지 모르게 못마땅하게 여겨질 때가 많았다. 어느 날, 시나코의 친구 기쿠코가 집에 놀러왔는데 친구한테서 자신이 아이를 대하는 방식이 좋지 않다는 지적을 받았다고 한다. 시나코의 방식은 어디가 잘못됐을까?

아이의 성장을 막는 나쁜 대화

기쿠코 : 쇼지, 안녕.

쇼지 : (쑥스러운 표정으로) …….

시나코 : 쇼지! 아줌마한테 인사드려야지. ❶

기쿠코 : …….

시나코 : '안녕하세요' 해야지? ❷

기쿠코 : 부끄러워서 그러는구나.

시나코 : 쇼지, 장난감 정리해. ❸

쇼지 : …….

시나코 : 엄마 말 안 들려? 소파 위에 장남감이 쌓여 있으니까 아줌마가 앉을 수가 없잖아.

쇼지 : …….

기쿠코 : 아줌마가 과자 사 왔으니까 같이 먹자.

시나코 : 어머 고마워. 쇼지, '고맙습니다' 해야지. ❹

쇼지 : 고맙습니다.

시나코 : (쇼지를 향해서) 손은 씻었니? ❺

쇼지 : …….

시나코 : 혼자 씻고 올 수 있지? ❻

쇼지, 말없이 욕실로 간다.

시나코 : 애가 왜 저렇게 꾸물거리는지.

위 대화의 시나코처럼 엄마의 언행이 마치 학생을 엄격하게 지도하는 선생님 같아서는 안 된다. 아이가 생각하거나 대답할 여유가 없을 정도로 숨가쁘게 질문하고 지시하기를 반복하면, 아이한테는 질문이 아니라 자신을 책망하는 것으로 들린다. ❶~❻ ❺❻의 말에서는 '손 안 씻었지? 혼자 씻어야지' 라는 힐난이 느껴지는데 이래서는 더더욱 곤란하다.

예의를 가르치려고 엄한 어조를 쓰다 보면 역효과가 날 수도 있다. 아이의 바른 행동을 위해서는 무엇이 중요할까?

아이를 두 배로 성장시키는 코칭대화

기쿠코 : 쇼지, 안녕.

쇼지 : (쑥스러운 표정으로) …….

시나코 : 쇼지, 아줌마가 '안녕' 이라고 하시네. ❶

쇼지 : 안녕하세요.

기쿠코 : 인사 잘하는구나. 착하네.

시나코 : 아, 쇼지. 아줌마가 앉으셔야 하는데 소파 위에 장난감이 있으면 못 앉으시겠다. ❷

쇼지, 말없이 장난감을 정리한다.

시나코 : 고마워.

기쿠코 : 아줌마가 과자 사 왔으니까 같이 먹자.

시나코 : 고마워. 쇼지, 아줌마가 과자 주셨네. 뭐라고 할까? ❸

쇼지 : 고맙습니다.

시나코 : (쇼지를 향해서) 인사도 잘하는구나. 그런데 손 씻는 거 잊어버렸나 보네. ❹

쇼지 : 안 그래도 지금 손 씻으러 가려고 했어요.

시나코 : 그랬구나. ❺

쇼지, 욕실로 간다.

아이에게 일방적으로 이래라 저래라 해서는 안 된다. 어떻게 하면 좋을지 아이에게 물어보고 아이가 대답할 때까지 기다려줘야 한다. ❶~❸ 아이에게 묻는 어조도 되도록 부드럽고 온화하게 하는 게 좋다. 올바른 답을 강요할 게 아니라 아이 스스로 생각해낸 답을 소중히 여기는 자세가 배어 있어야 한다. 아이가 스스로 행동한 뒤에는 확실히 인정해주는 것도 중요하다. ❹❺ 또 엄마가 아이의 대답을 일방적으로 단정짓지 말고 질문하고 난 후에는 여유를 두어야 한다. 그래야 아이가 안심하고 자유롭게 생각하는 힘을 끌어낼 수 있다.

> ### 코칭대화 one point
>
> 아이한테 "손 씻었어?" "양치했어?" 등 쉴 새 없이 질문을 하면 아이는 엄마가 자신을 책망하는 것으로 여길 수 있다. 아이한테 질문을 할 때는 아이가 여유를 갖고 자유롭게 생각할 수 있는 시간을 주어야 한다.

 질문으로 가능성 끌어내기
"어떻게 된 거야. 평소엔 잘했잖아!"

아이가 어떤 목표에 도전해서 실패했을 때 오랫동안 시련을 겪는 경우도 있다. 굳이 실패라고 하기는 그렇지만 학교 성적이 떨어졌거나 스포츠 팀에 발탁되지 못했거나 시험에 떨어지는 등. 아이가 열심히 노력했는데도 실패했을 때는 어떻게 대응하면 좋을까? 이때 엄마가 어떻게 대해주느냐에 따라 아이는 더욱 나락으로 떨어질 수도 있고 아니면 박차고 일어날 수도 있다.

초등학교 5학년인 아즈사가 다니는 피아노 학원에서 한 달에 한 번씩 열리는 연주회 날이었다. 아즈사는 이 날을 위해 열심히 연습을 해왔다. 그런데 긴장한 탓인지 피아노 건반을 여러 개 눌러 불협화음을 내는 실수를 연발하고 말았다. 연주회가 끝난 뒤 아즈사가 풀 죽은 표정으로 엄마를 찾았는데, 엄마도 속이 상해서 아즈사를 보자마자 책망을 했다. 엄마의 이런 행동이 아이에게 어떤 영향을 미칠지 한번 보자.

아이의 성장을 막는 ~~나쁜 대화~~

엄마 : 아즈사! 엄마가 얼마나 창피했는지 알아? ❶

아즈사 : …….

엄마 : 어떻게 된 거야. 평소엔 잘 쳤잖아. ❷

아즈사 : 떨려서 그랬어.

엄마 : 왜 긴장하는데? 맨날 치던 곡이니까 평소처럼 치면 되지. ❸

아즈사 : …….

엄마 : 다른 애들도 잘하니까 너도 잘할 수 있어. ❹

아즈사, 화난 얼굴로 말이 없다.

아즈사는 '실수해버렸다'는 낭패감과 엄마를 창피하게 만든 스스로가 한심해 기가 꺾인 상태였다. 그런데 엄마는 아이의 기분을 헤아려주기는커녕 자신의 감정을 자제하지 못했던 것이다. ❶ 뿐만 아니라 아이에게 생각할 여유를 주지 않고 몰아붙였다. ❷ ❸ "평소처럼 치면 되지"라고 말하지만 아이가 긴장한 이유를 모른 채 몰아붙이기만 할 뿐이다. 그리고 ❹와 같은 말로 격려하려고 하는데, 이 말은 다른 아이들은 잘하고 있는 걸 아즈사는 못한다는 것처럼 들릴 수도 있다. '실패'한 것을 책망한다고 아이가 성장할까? 실패한 체험이 아이의 성장으로 이어지게 하려면 다음과 같은 대화를 나누어야 한다.

아이를 두 배로 성장시키는 **코칭대화**

엄마 : (온화한 목소리로) 아즈사, 수고했어. (잠깐 멈추었다가) 어땠어?

아즈사 : 엄마, 봤지? 완전히 망쳐버렸어. (눈물을 글썽인다)

엄마 : 좀 긴장했나 보구나. 힘들었지? ❶

아즈사 : 연습할 때는 잘 쳤었는데…….

엄마 : 그래. 아즈사 열심히 연습했었지. ❷

아즈사 : …….

조금 시간이 흐른 후

엄마 : 이번 연주는 평소 연습했던 것과 뭐가 달랐던 것 같아? ❸

아즈사 : 긴장하고 당황했어.

엄마 : 왜 그랬던 걸까? ❹

아즈사 : 음, 떨려서 악보도 잘 넘기지 못했어. 모두 나만 보고 있으니까.

엄마 : 그래, 떨렸구나.

아즈사 : 당황하니까 금방 틀려버리고 그래서 또 실수하고…….

엄마 : 긴장하면 잘 안 되는 것 같다.

아즈사 : 한 번 더 쳤으면 좋겠어.

엄마 : 그럼, 오늘 발표회 다시 한번 할 수 있다면 어떻게 할래? ❺

아즈사 : 악보를 잘 펼쳐둘 거야.

엄마 : 그래야지. 다른 건 없어?

아즈사 : 당황하지 않고 침착해야지.

엄마 : 그래, 그래. 당황하지 않고 침착하려면 어떻게 해야 할까?❻

아즈사 : 어, 무엇보다도…….

아이가 실수했을 때는 아이의 실수를 책망하지 않고 아이의 기분을 공감하려는 엄마의 자세가 필요하다. 이때는 무엇보다 아이의 기분을 이해하고 받아주어야 한다.❶❷ 그리고 아이의 페이스에 맞춰 천천히 질문을 하며 '일어난 일'을 되돌아보게 하는 것도 좋다. 그러면 아이는 이 과정을 통해 자신이 왜 실수를 했는지 정리하게 된다.❸❹ 또 엄마가 앞으로의 대처를 위한 질문이나❺ 애매한 대답을 구체적으로 만드는 질문을 던지는 것도 좋은데❻, 이런 질문들은 아이로 하여금 효과적인 아이디어를 낼 수 있게 한다. 엄마의 질문으로 실패가 성공의 밑거름이 될 싹으로 바뀔 수도 있다. 이처럼 질문은 '가능성을 넓히는 도구'이기도 하다.

> **코칭대화 one point**
>
> 아이가 어떤 목표에 도전해서 실패했을 때는 엄마가 더 실망해 자신의 감정을 숨기지 못하고 아이를 몰아붙이기 쉽다. 그때는 아이의 페이스에 맞춰 "왜 그랬을까?" 하는 질문을 천천히 던져 아이한테 '일어난 일'을 되돌아보게 하라. 그러면 아이도 실패를 성공의 밑거름으로 삼을 수 있다.

05 제안으로 새로운 관점 부여하기
"들이쉬기를 세 번 하는 건 어때?"

아이가 무언가를 망설이고 있을 때나 자기 혼자서는 도무지 아이디어가 떠오르지 않아 곤란해할 때, 엄마의 아이디어나 관점이 도움이 될 때가 많이 있다. 그러나 일방적으로 엄마의 방법을 강요한다면 아이가 더욱 곤란에 빠질 수도 있다. 아이가 받아들이기 쉬운 '제안'의 방법을 배워보자. 앞의 코칭대화 사례와 이어서 생각해보자.

아이를 두 배로 성장시키는 코칭 대화

앞의 코칭대화에 이어서

엄마 : (다음부터) 당황하지 않고 침착하려면 어떻게 해야 할까?

아즈사 : 음, 긴장하지 말아야지. 하지만 모두가 보고 있으니까 떨려. 떨지 않으려면 어떻게 해야 되지?

엄마 : (잠깐 기다리고 나서) 엄마가 생각한 거 말해도 돼? ❶

아즈사 : 응.

엄마 : 엄마가 사람들 앞에 설 때면 하는 방법인데, 숨을 전부 내쉬었다가 들이쉬기를 세 번 반복하는 거야. 어때? ❷

아즈사 : 그러면 긴장을 안 한단 말이지?

엄마 : 엄마는 마음이 편해지더라. 숨을 내쉬고 들이쉬고 하는 동안 집중할 수 있어.

아즈사 : 당장 해봐야지. 어떻게 하는 거야?

엄마 : 우선 숨을 내쉬는 것부터 시작하는 거야.

아즈사 : (숨을 내쉬면서) 이렇게?

엄마 : 그래, 바로 그거야?

아즈사 : 정말 엄마 말이 맞네. 마음이 편해졌어.

'긴장하지 않는 방법'이 좀처럼 생각나지 않던 아즈사였는데, 엄마가 아이디어를 제공함으로써 아즈사는 문제를 해결할 수 있게 되었다. 이런 아이디어를 아이에게 제안할 때는 어떻게 하면 좋을지 그 포인트를 살펴보자.

우선, 제안을 하기 전에 아이의 이야기를 잘 듣는 것이 중요하다. 이 대화에서는 아이에게 구체적인 질문을 한 뒤 생각할 시간을 충분히 주고 있다. 아즈사가 생각을 해도 좀처럼 아이디어가 나오지 않는 것을 확인하고 나서야 비로소 엄마가 자신의 아이디어를 제안하고 있다.

아이에게 제안을 할 때 어떤 코멘트를 하는지도 중요하다. 갑자기 '이렇게 해봐' 라고 하기보다 아이에게 허락을 구하는 방식이 좋다. 예를 들어 "지금 생각난 거 말해도 돼"라는 말처럼❶ 완충효과가 있는 말을 하고 나서 전달하라. 그러면 제안을 받는 아이는 자신의 생각이 소중히 여겨진다고 느껴 엄마의 아이디어를 받아들이기가 쉬워진다.

그리고 엄마가 제안한 내용을 실행할지 말지 결정하는 것은 아이 자신이다. 제안이란 자신의 의견을 밀어붙이는 것이 아니다. '좋은 생각이니까 해' 라고 강요해도 아이가 하고 싶다고 생각하지 않으면 아무 효과가 없다. ❷와 같이 '이건 엄마 생각이니까 마음에 들면 해봐' 라는 기분으로 제안해 보자. 제안의 목적은 어디까지나 아이가 원하는 결과를 낼 수 있도록 하는 것임을 잊지 말자.

> **코칭대화 one point**
>
> 아이가 어떤 일을 못해 망설이고 있거나 혼자서 도무지 어떻게 해야 할지 감을 못 잡고 있다면, 엄마가 "숨을 세 번 들이쉬는 방법은 어때?"라는 구체적인 질문을 하고 아이에게 충분히 생각할 수 있는 시간을 줘라. 그러면 아이는 문제해결의 실마리를 찾을 수 있다.

06 아이를 서포트하는 대화의 단계
"졸려도 꾹 참고 해."

아이가 어떤 문제에 부딪혀 해결책을 찾고자 고민하고 있을 때 당신은 이런 아이를 어떻게 대하는가? 아이가 해결책을 빨리 찾을 수 있도록 도와주고 싶은 마음에 "이건 어때?" "저건 어때?" 하면서 아이디어를 잇달아 내놓고 있지는 않은가? 아이한테 문제가 생겼을 때마다 엄마가 해결책을 내주면, 아이는 문제가 생기면 맞부딪혀서 해결하기보다는 해결책이 생길 때까지 문제를 회피하게 된다.

이제 곧 중학생이 되는 마사하루는 공부에 대한 고민이 많다. 마사하루의 엄마 역시 이런 아들을 어떻게 대하면 좋을지 몰라 고민스럽다. 본인도 나름대로 노력을 해왔는데 자신의 방법에 뭔가 문제가 있다고 느끼는 것이다. 마사하루의 엄마가 어떤 방법을 썼는지 한번 보자.

아이의 성장을 막는 ~~나쁜 대화~~

마사하루 : 엄마, 학원에서 돌아오면 금방 저녁 먹잖아. 밥 먹고 나면 배불러서 졸려. 공부를 해보려고 아무리 기를 써도 집중이 안 돼. 그래서 고민이야.

엄마 : 그래? 찬물로 얼굴 좀 씻어봐. 뜨거운 물로 샤워를 해보든지. ❶

마사하루 : 그래도 졸릴 거야.

엄마 : 졸음을 쫓는 게 문제구나. 밥 먹어서 졸리면 좀 늦게 먹을까? ❷

마사하루 : 배고파도 공부가 안 돼.

엄마 : 음, 어떻게 해야 하지? ❸

마사하루 : …….

엄마 : 엄마도 회사에 다니니까 피곤해서 저녁엔 너무 졸려. 하지만 졸린다고 집안일을 안 할 수는 없잖아. **꾹 참고 해. 힘들겠지만 너도 노력 해봐.** ❹

위 대화에서처럼 졸려서 공부에 집중할 수 없다는 아이에게 엄마가 생각해낸 '해결책'을 잇달아 꺼내놔서는 안 된다. ❶❷ 아이 스스로 어떻게 공부하면 좋을지 생각하도록 돕는 것이 아니라 엄마의 생각이 주가 되어버린

다.❸ 또 아이디어가 궁해지면 "노력해봐"라고 한마디 툭 던지기 쉬운데
❹, 그러면 아이는 뭘 어떻게 노력해야 할지 몰라 더욱 의욕이 줄어들게 된
다.

어디까지나 해결책을 찾고 그것을 행동으로 옮기는 사람은 아이라는 사실을 잊지 말자. 엄마가 할 수 있는 일은 아이를 도와주는 것뿐이다.

아이를 두 배로 성장시키는 코칭대화

마사하루 : 저녁 먹고 나면 배불러서 졸려. 공부가 안 돼.

엄마 : 피곤하기도 하고 졸립겠지. 그래서?❶

마사하루 : 그래서 매일같이 고민이다 이거지.

엄마 : 그래? 시간을 효율적으로 쓰고 있지 못하는 거구나.❷ 어떻게 공부하는 게 이상적일까?❸

마사하루 : 빠른 시간에 집중해서 해야겠지.

엄마 : 집중해서 하면 시간이 어느 정도면 될 거 같아?❹

마사하루 : 지금은 세 시간 걸리는데, 집중하면 한 시간이면 될 거야.

엄마 : 한 시간? 엄청나다. 집중해서 공부한 적이 있어?❺

마사하루 : 며칠 전에 아침에 일어나서 숙제를 했는데 집중이 잘됐어.

엄마 : 어째서 집중이 잘됐을까?❻

마사하루 : 푹 자고 일어나서 머리가 맑았나봐. 맞다! 밤에 억지로 할 게 아니라 아침에 일찍 일어나서 하면 되겠구나.

엄마 : 그 아이디어 좋다! 넌 어떻게 생각해?❼

마사하루 : 잘될 것 같아.

엄마 : 언제부터 시작할 거야?❽

마사하루 : 내일부터 해볼까?

엄마 : 몇 시에 일어날 거야? ❾

마사하루 : 6시! 이제 자야겠어. 알람시계 맞춰놔야지.

엄마 : 내일 6시라고. 그래 한번 해보자! ❿

이 대화에서처럼 엄마가 직접 문제해결에 나서거나 자신의 생각을 강요하지 않고, 아이에게 질문을 던져서 아이 스스로 아이디어를 발견하도록 하는 게 좋다. 이 대화를 통해 아이를 돕는 다섯 단계의 대화법을 알아보자.

첫째, 아이가 지금 어떤 상태인지, 문제의 원인이 무엇인지, 아이가 문제를 어떻게 파악하고 있는지 명확하게 알아야 한다. ❶ ❷

둘째, 아이가 어떤 상태를 바라고 있는지 명확하게 알아야 한다. ❸ ❹

셋째, 문제를 파악하고 어떤 상황을 바라는지 알았다면 그곳에 도달하기 위해 무엇을 해야 할지, 필요한 것은 무엇인지 생각하게 해야 한다. 위의 대화에서는 마사하루가 ❺~❼의 질문에 대답하며 아침에 일어나 공부한다는 아이디어를 스스로 생각해내고 있다.

넷째, 좋은 해결책이 나왔다면 그것을 실행하는 것이 가장 중요하다. 그러기 위해서는 구체적인 '행동 계획'이 필요하다. 일에 대한 계획이 상세할수록 헤매지 않고 원활하게 행동할 수 있게 된다. 위의 대화에서는 ❽ ❾의 부분이다.

다섯째, 행동의 단계가 결정되면 다시 한번 할 일을 확인시키고 확실하게 실행하라고 재촉한다. 그런 다음 격려의 말로 엄마가 응원하고 있다는 것을 아이에게 전달한다. 위의 대화에서는 ❿의 부분이다. 그러면 아이는 자기 스스로 아이디어를 생각해냈기 때문에 행동으로 옮기고 싶은 욕구가 높아지는 데다 엄마의 말에 힘을 얻어 더욱 의욕이 높아질 것이다.

실제의 대화에서 만약 이 단계대로 진행되지 않는다면 앞 단계로 돌아가도 좋다. 그러나 어떤 경우라도 이 대화의 흐름을 의식한다면, 아이의 기분을 정리하고 의욕을 높이고 다음 행동을 촉구하는 서포트가 보다 원활하게 이루어질 수 있을 것이다.

코칭대화 one point

아이가 어떤 문제에 부딪혀 해결책을 찾고 있을 때 엄마가 그 해결책을 잇달아 꺼내놓는 경우가 많다. 그때는 "어떻게 공부하는 게 이상적인데?" "넌 어떻게 생각해?" 하는 질문들을 던져서 아이가 스스로 아이디어를 낼 수 있도록 해줘라.

 질문으로 선택의 가능성 넓히기
"학원 다닐 거야, 말 거야?"

효과적인 질문은 아이의 자유로운 발상과 사고력을 길러준다. 엄마는 아이를 성장시키고 싶은 욕심에 아이에게 질문을 한다고 하는데, 아이가 엄마의 질문에 거부감을 느끼거나 부담스러워한다면? 아마도 아이가 답을 강요받는 기분을 느꼈기 때문일 것이다. 이런 경우 어떻게 하면 좋을지 다음 대화를 보자.

초등학교 4학년 아들 다카요시를 둔 미요호의 최고 관심사는 아들의 교육이다. 성적을 올렸으면 하는 마음에 학원에 보내고 있지만 다카요시는 좀처럼 공부에 열의를 보이지 않는다. 그런 아들이 마음에 들지 않아 한바탕 야단을 쳤다고 한다.

아이의 성장을 막는 나쁜 대화

엄마 : 다카요시, 학원 숙제했어?

다카요시 : 깜빡 했네.

엄마 : 할 마음이 있기는 한 거야? 없으면 학원 그만둘래? ❶

다카요시 : …….

엄마 : 엄마가 잔소리를 해야 공부할 거면 학원 그만두든지. 계속할 거야, 말 거야? ❷

다카요시 : (귀찮아하는 표정으로) 계속할 거야.

엄마 : 그럼, 엄마가 말하기 전에 네가 알아서 공부해야지.

다카요시 : 알았어, 하면 되잖아.

이 대화는 누가 봐도 엄마가 기분이 좋지 않은 상태에서 아들에게 말을 내뱉는 게 느껴진다. 엄마는 아들에게 질문의 형태를 취한 '질책'을 한 것이다. ❶ '계속할지, 그만둘지' 둘 중 하나를 선택해야 한다고 다그치는 질문은 ❷ 그 이외의 선택은 인정하지 않겠다는 말이다. 그러면 아이가 '고르기 싫은데 골랐다'라는 불만을 느끼기 쉽다. 아이가 스스로 '답'을 선택했다고 느끼게 하려면 어떻게 하면 좋을지 한번 보자.

아이를 두 배로 성장시키는 코칭대화

엄마 : (다정한 목소리로) 다카요시, 학원 숙제했어?

다카요시 : 깜빡했네.

엄마 : **깜빡했어?❶** 요즘 학원 공부가 별로인 것 같은데 어때?❷

다카요시 : 숙제하는 게 재미없어.

엄마 : 재미없어? 엄마가 뭐 하나 물어볼게. **다카요시는 숙제를 마지 못해 하는 것, 즐겁게 하는 것, 아예 안 하는 것, 세 가지가 있다면 어느 게 좋아?❸**

다카요시 : 즐겁게 하는 게 좋겠지.

엄마 : 즐겁게 할 수 있는 게 좋다고……. 그럼 숙제를 좀 더 즐겁게 하려면 **어떻게 해야 할까?❹**

다카요시 : 엄마가 좀 재미있게 가르쳐주면 좋겠어.

엄마 : 엄마가 가르쳐주는 게 좋아? 그럼, 같이 공부할래?

다카요시 : 정말? 와, 좋아라.

위 대화에서처럼 엄마가 갑자기 아이를 야단칠 게 아니라, 우선은 아이의 기분을 받아들이고❶ 자신이 느끼고 있는 것을 침착하게 전달하라.❷ 아이를 비난하지 않고 아이의 페이스에 맞추어 아이를 대하면서 아이의 속마음을 끌어내는 것이다. 또한 선택사항을 늘려 아이가 답을 고를 수 있게 하는 것도 한 방법이다.❸ 그러면 아이가 선택한 답을 질문으로 구체화시켜 실행에 옮기도록 도울 수 있다.❹ 아이에게 계속할지 그만둘지를 선택해야 하는 극단적인 방법이 아니라 제3의 방법이 있다는 것을 알게 함으로

써 사고의 발상을 넓힐 수도 있다. 인생이라는 마라톤 코스에 '달릴까, 말까'의 양자택일만 있는 건 아니다. '행복한 중간 지점(Happy Middle Ground)'이라는 말처럼, 가끔은 걸을 때도 있고 다른 길을 우회해서 가야 할 때도 있는 법이다.

필자의 클라이언트 중에 아이들에게 피아노를 가르치는 분이 있는데, 그녀의 말에 따르면 "피아노, 계속할래? 말래?" 하고 양자택일을 요구하는 엄마들이 많다고 한다. 그런 엄마들에게 그녀는 "어른들도 일할 때 마음이 내키지 않을 때가 있잖아요. 아이의 의욕이 한순간 떨어졌다 해도 꾸준히 연습을 해나가는 시기가 필요해요. 피아노 실력은 하루아침에 완성되는 것이 아니잖아요"라는 말을 해준다고 한다. 지금 눈앞에서 보이는 아이의 모습보다, 몇 년 후 아니 십 년이나 이십 년 후의 모습을 기대하며 마음의 여유를 갖고 아이를 대하는 것이 중요하다.

코칭대화 one point

아이한테 질문을 할 때는 양자택일을 요하는 "할래? 말래?"의 질문보다 여러 가지 질문을 해서 아이의 선택 가능성을 넓혀줘라. 양자택일의 질문은 아이에게 질책이 될 수도 있다.

08 호기심 넘치는 아이의 질문 마주하기
"엄마, 사람이 왜 이렇게 많아?"

아이는 호기심 덩어리다. 어떨 때는 귀찮을 정도로 질문을 많이 해오는데, 어른이 당연하다고 생각하는 것일수록 아이는 흥미를 많이 가지기 때문이다. 아이가 "어째서? 왜?"라고 물어오면 당신은 어떻게 대답하는가? 이때 엄마가 귀찮다고 아이의 질문에 "응. 응" 하고 건성으로 답하거나, "얘가 왜 이래? 나중에 얘기해줄게" 하고 넘긴다면 아이는 커서도 질문을 할 때 주뼛거리게 된다.

유치원생인 겐지는 호기심이 왕성한 남자 아이로 엄마가 귀찮을 정도로 질문을 해댄다. 이런 겐지의 질문은 시간과 장소를 불문하고 끝이 없다는데, 아이에게 매일 핀잔을 줄 수도 없고 어떻게 하면 좋을지 겐지의 엄마는 고민이었다.

아이의 성장을 막는 ~~나쁜 대화~~

겐지 : 엄마, 사람이 왜 이렇게 많아?

엄마 : 왜라니, 시내라서 그렇지.

겐지 : 그럼, 엄마. 이 사람들 다 어디로 가고 있어?

엄마 : 음, 일하러 가거나 뭐 각자 할 일이 있나 보지. ❶

겐지 : 어떤 일?

엄마 : (앞으로 재빨리 나가며) 회사가 어디 한두 군데야? ❷

겐지 : 회사? 어떤 회사? 어디서 일하는 거야?

엄마 : 엄마도 몰라. 겐지, 좀 빨리 걸어!

겐지 : 있지, 엄마……. 어째서 모두 여기로 일하러 오는 거야?

엄마 : 여기에 회사가 있으니까 그렇지. 그만 얘기하고 빨리 걷기나 해! ❸

바쁜데 아이가 별 질문을 다하면 누구나 짜증스럽기는 마찬가지다. 겐지 엄마도 아이가 궁금해하는 질문에 애매한 대답을 반복하고 감정적으로 주의를 준 것이다. ❶~❸ 그러나 달리 생각해보면, 이 시간은 아이와 엄마가 커뮤니케이션을 할 수 있는 절호의 기회다. 아이의 질문을 잘 활용하여 아이와 같은 눈높이에서 대화를 즐겨보는 건 어떨까?

아이를 두 배로 성장시키는 코칭대화

겐지 : 엄마, 왜 이렇게 사람이 많아?

엄마 : **정말 사람이 많네. 왜일까?** ❶

겐지 : 응, 애들도 우리 동네보다 많아.

엄마 : 그렇네.

겐지 : 이 사람들 다 어디 가는 거야?

엄마 : **엄마도 잘 모르겠네.** (작은 소리로 혼자 중얼거리듯) **사람들이 어디로 갈까?** ❷

겐지 : 쇼핑하러 가나?

엄마 : 맞아, 쇼핑하러 가는 사람들도 많겠다. 근데 일하러 가는 사람도 많지 않을까?

겐지 : 일? 무슨 일을 하는 건데?

엄마 : **무슨 일을 할까?** ❸ 꽃가게, 제과점 ……. 가게도 많이 있고.

겐지 : 아…….

엄마 : 사람들은 다 일을 하면서 살거든.

겐지 : 그렇구나.

엄마 : 겐지도 이다음에 크면 일을 하게 되겠지?

겐지 : 응.

엄마 : **겐지는 이다음에 크면 어떤 일을 할 거야?** ❹

겐지 : 난, 지하철 운전사!

엄마 : **운전사? 멋지다. 왜 지하철 운전사가 되고 싶어?** ❺

겐지 : 왜냐하면…….

앞의 대화와는 달리 엄마와 아이가 같은 눈높이에서 대화를 즐기고 있다. 엄마는 겐지의 질문을 반복함으로써 아이의 질문에 흥미와 공감을 나타내고 있다.❶~❸ 이렇게 하면 아이는 엄마가 자신의 말에 공감해준다고 느껴 좋아한다. 자신의 어린 시절을 떠올려보라. 굳이 뭔가를 알고 싶어서가 아니라 엄마와 대화 그 자체를 즐기고 싶었던 적은 없는지?

엄마라는 존재는 아이에게나 어른에게나 절대 권력을 행사할 수 있는 막강한 힘을 지닌 사람이다. 절대 권력자에게 인정받고 함께하는 기쁨을 그 무엇과 바꿀 수 있겠는가. 이것이 아이의 호기심을 성장의 원동력으로 키워줄 수 있는 비결이다.

그리고 질문을 통해 아이가 생각하고 상상할 기회를 주는 것도 좋다.❹ ❺ 그러면 아이와의 대화 내용이 훨씬 넓어지고 풍부해질 것이다. 아이의 질문은 아이의 사고력을 넓히는 원동력이라는 것을 꼭 기억하자.

코칭대화 one point

호기심 많은 아이들은 어른들이 당연하다고 생각하는 것일수록 시시콜콜한 질문을 많이 던진다. 다소 짜증스럽더라도 아이의 질문을 반복하며 아이의 질문에 공감해주고, 아이 스스로 질문에 대한 답을 생각하도록 유도해 사고력을 키워줘라.

 덩어리 작게 하기, 문제 잘게 나누기
"방이 이게 뭐야, 안 치워?"

사람은 누구나 자신이 잘 못한다고 생각하는 일을 기피하는 경향이 있다. 인생 경험이 적은 아이들은 그 정도가 어른보다 더 심할 것이다. 그렇지만 싫다고 해서 피하면서 살 수만은 없는 게 현실이다. 아이가 "못해. 무리야"라고 했을 때 부모는 어떻게 대처해야 할까? 아이가 못한다고 생각하는 것을 할 수 있게 만들어주는 것도 엄마의 능력이다. 아이의 경쟁력은 그런 과정을 통해 만들어진다.

초등학교 4학년 여자 아이 미치루는 방 정리를 잘 못한다. 마침 휴일이라 잔뜩 어지럽힌 방에서 책을 읽고 있는 미치루에게 엄마가 화를 내며 방을 치우라고 했더니 미치루는 오히려 반발을 했다고 한다. 이런 경우 어떻게 하면 좋을까?

아이의 성장을 막는 나쁜 대화

엄마 : 미치루! 방이 이게 뭐야, 좀 치워? 몇 번을 말해야 알겠니?❶

미치루 : 알았어. 치우면 될 거 아냐.

엄마 : 계속 치운다 치운다 하면서 안 하니까 그렇지. 오늘 저녁 먹기 전까지 치워!❷ 오빠 방 좀 봐. 바쁜데도 항상 깨끗하게 치워놓잖아. 너만 왜 이렇게 칠칠치 못하니?❸ 게을러서 그러는 거야. ❹

미치루 : 아니야, 치울 시간이 없단 말이야.

엄마 : **또 변명이니!**❺ 그럼 엄마가 맘대로 치워버린다.

미치루 : 안 돼. 엄마가 치우면 뭐가 어디에 있는지 모른단 말이야.

엄마 : 그러니까 지금 치워. 오늘 중에 깨끗하게 치워놓지 않으면 정말 엄마가 맘대로 치워버릴 거야.❻

미치루 : 절대 안 돼.

당신도 방 정리를 잘 못하는 아이에게 화를 내며 방 치우라고 강요한 적은 없는가?❶ ❷ 그런다고 아이가 방을 치웠는지? 설사 치운다고 해도 돌아서면 또 어질러놓긴 마찬가지일 것이다. 위의 대화에서 엄마는 미치루가 방을 정리하지 못하는 것을 단순히 '게으르기 때문'이라고 단정지어버렸다.❹ 더욱이 ❸과 같이 다른 형제와 비교하는 것은 아이에게 열등감이나 반감을 갖게 할 수 있다. 아이에게 주의를 주고 강요하고 억지로 시킬 것이 아니라 ❺ ❻ '해보자' 라고 말해보는 건 어떨까?

아이를 두 배로 성장시키는 코칭대화

엄마 : 미치루, 책 읽고 있니? 어머머, 이 방 상황이 꽤 심각하네.❶

미치루 : 응, 나중에 치울 거야.

엄마 : 방 치우기가 싫어?❷

미치루 : 싫은 건 아닌데 뭐부터 치워야 할지 모르겠단 말이야.

엄마 : (웃으며) 뭐부터 해야 할지 모르겠다고?❸

엄마 : 하긴, 다 치우려면 시간 좀 걸리겠다.❹ 그런데, 미치루가 한꺼번에 치우려고 해서 그런 거 아닐까? 미치루는 방 치우는 데 하루에 몇 분 정도 시간을 낼 수 있니? 짧은 시간이라도 좋아.❺

미치루 : 10분 정도?

엄마 : 10분 정도라……. 그럼, 어디부터 손을 대면 좋을까?❻

미치루 : 책상 위.

엄마 : 책상 위! 어떻게 하면 될까?❼

미치루 : 책은 책장에 다시 꽂아놓고 필요 없는 종이는 버리고.

엄마 : 그럼, 그다음 날 10분은 뭐 할까?❽

미치루 : 서랍 정리.

엄마 : 그래 좋았어. 책상 안은 어떻게 해야 할까?❾

미치루 : 연필이랑 공책이 막 섞여 있는 걸 나눠서 정리해야지.

엄마 : 어떻게 나누는데?❿

미치루 : 음······.

   이처럼 엄마는 아이가 방을 안 치웠다고 아이를 무턱대로 야단칠 게 아니라 편하고 가벼운 어조로 대하는 게 좋다.❶ 아이의 말을 '변명'으로 몰아붙이지 않고 공감하면서 들어야 한다.❷~❹ 또 위 대화에서처럼 '짧은 시간에 할 수 있는 것'이라는 새로운 관점을 제시하는 것도 좋다.❺ 어지러운 방을 전부 치우려면 시간이 많이 걸릴 것이라 생각하고 엄두를 내지 못했던 아이도 매일 조금씩 치운다고 생각하면 부담을 덜 느낄 것이다. 엄마가 무엇을 어떻게 치워야 할지 요령 있게 질문을 던지는 것이 포인트다. ❻~❿

   큰 문제나 높은 목표를 한 번에 해결하려고 하면 '무리'라고 느껴져 의욕이나 자신감을 잃을 때가 있다. 몇 백 킬로그램이나 되는 고깃덩어리를 한 번에 먹을 수는 없지만 잘게 나누면 언젠가는 전부 먹을 수 있다. 어려운 문제도 큰 '덩어리'를 작게 만들고, 할 수 있는 것부터 시작하면 된다는 사고방식은 아이의 긴 인생에 분명 도움이 될 것이다.

> ### 코칭대화 one point
>
> 인생 경험이 적은 아이들은 지금까지 자신이 해본 것보다 무게가 큰 일이 주어지면 어떻게 손을 써야 할지 난감해한다. 이때는 "책상 위를 어떻게 정리하면 좋을까?" "책상 안은 어떻게 정리하면 좋을까?"와 같이 질문을 조목조목 나누어 구체적으로 얘기해주면 아이가 부담을 덜 느낀다.

코칭대화 질문하기 기초 스킬

◉ 두 가지 종류의 질문

질문에는 여러 가지 역할이 있다. 상대의 생각을 도출한다, 자신의 의견이 옳은지 확인한다, 상대의 동의를 구한다, 대답을 구한다, 상대의 의견을 묻는다 등등. 이처럼 다양한 방식의 질문을 통해 자신이 원하는 바를 얻을 수 있는데 질문은 크게 두 가지 종류로 나눌 수 있다. 예를 들어 아이가 소풍을 간다고 해보자. 그럼, 엄마가 아이한테 할 수 있는 질문은 아래와 같을 것이다.

"휴지랑 손수건은 챙겼니?"
"뭐 빠진 거 없어?"

이 두 질문의 차이는 무엇일까? 전자는 아이가 깊게 생각하지 않아도 바로 대답할 수 있고 '예, 아니오'로도 대답이 가능하다. 한편, 후자는 아이가 대답하기 전에 생각할 시간을 필요로 하고 '예, 아니오'만으로는 대답이 안 되는 자신의 의사를 밝혀야 하는 질문이다.

당신은 아이에게 주로 어떤 질문을 하는가? 어제부터 오늘까지 아이한테 한 질문을 시간이 좀 걸리더라도 천천히 생각해보라. 초등학생 아이 둘을 둔 어떤 엄마는 저녁 식사 시간에 가족에게 아래와 같은 질문을 했다고 한다.

- 손 씻었니?
- 숙제했어?
- 샐러드에 드레싱 뿌릴까?
- 밥, 너무 많니?
- 엄마 것도 먹을래? 괜찮아?
- **오늘은 학교에서 뭐했어?**
- (학교에서) 선생님 말씀 잘 들었어?
- 그만 먹을래?
- 맛없니?
- 양치질해야지?

'오늘 학교에서 뭐했어'라는 질문 외에는 모두 아이가 '예, 아니오'로 대답할 수 있는 질문이다. 다른 몇몇 엄마들에게 이 이야기를 해줬더니 "저도 비슷한 말을 해요!"라고 대답하는 사람이 많았다. 대부분의 엄마들이 '예, 아니오'로 대답할 수 있는 질문을 많이 하고 있는 것이다.

필자는 이 질문 리스트를 봤을 때, 식탁에서 엄마만 말을 하고 있고 다른 가족들은 거의 말이 없는 광경이 떠올랐다. 이 질문을 받는 아이의 입장이라면 계속되는 엄마의 질문 공세를 따라잡지 못해 숨이 찰 것 같다. 더욱이 몇몇 질문은 추궁하는 듯한 인상을 지울 수가 없다. 실제로 위의 질문들을 했을 때, 아이도 '응, 아니'라는 간단하고 짧은 대답만 했다고 한다. 이렇게 해서는 아이들이 무슨 생각을 하고 있는지 전혀 파악할 길이 없다.

● 5W1H를 활용한 구체적인 질문

때에 따라 아이가 자유롭게 생각하고 대답할 수 있는 구체적인 질문을 하면 아이가 훨씬 많이 성장할 수 있다. 예를 들어 '학교는 재미있어?' 하는 질문에 '응' 하고 한마디만 하던 아이도 '뭐 할 때가 재미있어?' 하고 물으면 '체육' 혹은 '쉬는 시간'과 같은 구체적인 대답이 나온다. 또 '체육이 왜 재미있어?' 하는 식으로 계속 물어보면 아이의 생각을 좀더 구체적으로 끌어낼 수 있다.

이때는 우리가 흔히 말하는 5W1H(누가, 언제, 어디서, 무엇을, 어떻게, 왜) 질문 기법을 사용하면 좋다. 그중에서도 다음 세 가지 질문은 아이에게 보다 깊은 생각을 할 수 있게 한다. 이러한 질문은 아이의 발상을 넓히고 아이디어를 끌어내는 데 아주 유용하다.

- What에 해당하는 '무엇이, 어떤'
- Why에 해당하는 '어째서, 왜'
- How에 해당하는 '어떻게, 어떻게 해서'

🔴 질문을 '힐문'으로 만들지 않는 요령

아이에게 '질문'을 한다는 것이 자칫 아이를 책망하는 '힐문'이 되어버리는 경우가 종종 있다. 언젠가 친구 집에 놀러 갔는데, 친구가 네 살짜리 아들에게 마치 학생이 뭔가를 잘못해서 엄하게 다스리는 선생님처럼 말했다.

"아줌마한테 인사했어?"
"장난감 정리했어?"
"TV 리모컨, 어디에 두었어?
아까 가지고 있었잖아!"
"손 씻었어?"
"과자 먹기 전에 뭘 해야 하지?"
"똑바로 말하지 못해!"

듣고 있는 필자가 혼나는 것 같아 긴장했다. 아이는 엄마의 질문에 아무 대답도 못하고 가만히 있었다. 그러자 친구는 "이 아이는 대체 뭘 생각하고 있는지 잘 모르겠어"라고 하소연을 했다. 필자는 친구에게 아이한테 말하는 방식이 너무 일방적이고 질문이 마치 아이를 책망하는 듯한 '힐문'이 되고 있다고 말해주었다. 친구는 "아이를 책망하려는 것은 아닌데 나도 모르게 말이 그렇게 나와버려"라고 말했다. 필자는 친구에게 "일방적으로 가르치려 들지 말고 아이와 같이 생각해봐. 아이에게 질문을 하고 기다려주는 것도 중요해"라는 조언을 남겼다. 이처럼 아이를 다그치는 '책망'으로는 아무것도 얻을 수 없다는 사실을 꼭 기억하자.

🔴 아이를 긍정적으로 만드는 질문

아이가 매사를 긍정적으로 생각하면 매사를 긍정적으로 보기 때문에 행복한 인생을 살 수 있다. 또 어떤 어려움이 오더라도 그 속에서 '희망의 가능성'을 보기 때문에 좌절하지 않고 꿋꿋하게 버텨나갈 수 있다. 엄마가 아이한테 매사를 긍정적으로 생각할 수 있는 질문을 잘 활용하는 것도 한 방법이다.

필자의 지인은 매일 밤 자기 전에 두 아이한테 "오늘 무슨 좋은 일 없었어?" "어떤 기쁜 일 없었어?"라고 묻는다고 한다. 그러면 두 아이는 그날 하루를 되돌아보며 "급식 때 나온 카레가 맛있었어!" "국어시간에 선생님한테 칭찬받았어!" 하며 기분 좋았던 일을 떠올린다고 한다. 그녀는 아이들한테 '행복을 발견하는 힘'을 길러주고 싶어 이런 질문을 하기 시작했다는데, 요즘은 아이들이 그녀한테 오히려 "엄마, 오늘 무슨 좋은 일 없었어?"라고 묻는다는 것이다. 그러다 보니 잠들기 전, 이 잠깐의 시간이 엄마와 아이들 모두에게 서로의 행복을 나눌 수 있는 소중한 시간이자 모두가 좋아하는 시간이 되었다고 한다.

● 아이의 지금 마음 물어보기

아이가 학교에 가기 싫어해 고민인 사람이 있었다. 그 엄마는 '한 번 안 가기 시작하면 계속 가지 않게 되기 쉬울 것'이라는 생각에 더욱 초조했다. 그래서 남편과 함께 '힘내!'라며 억지로 학교에 보내려고 해도 아이가 안 가려고 버틴다는 것이다. 필자는 그 엄마에게 아래의 질문을 했다.

- 아이에게 어떤 존재가 되고 싶은가?
- 아이가 부모에게 바라는 것은 무엇인가?
- 아이가 어떤 인생을 살기를 바라는가?
- 당신이 아이의 입장이라면 '힘내!'라는 말을 듣는다고 그렇게 되겠는가?

이 질문에 답하면서 그 엄마는 아이의 앞날만 걱정했을 뿐 왜 그러는지 아이의 마음을 물어보지 않았다는 것을 깨달았다. 그래서 아이에게 "엄마가 네 마음을 몰라줘서 미안해. 엄마는 네 편이야. 네가 왜 학교 가기 싫은지 이야기하고 싶을 때 얘기해줘"라고 했더니, 아이는 울면서 학교에서 친구들이 자기 험담을 해서 괴롭다는 이야기를 털어놓았다고 한다. '학교에 가기 싫어서 안 가는 게 아니라, 가고 싶은데 못 가겠다'는 아이의 마음을 들은 엄마는, 아이랑 같이 공부도 하고 등굣길도 같이 해주면서 아이의 상태를 호전시켰다고 한다.

인정하기

코칭 중에서도 특히 중요한 기술인 '인정하기'에 대해 살펴보자. 인정받는다는 것은 마치 차가 가솔린을 넣어야 앞으로 나아갈 수 있는 것처럼, 아이들도 인정받는 것을 통해 앞으로 나아갈 수 있는 에너지(원기, 의욕, 안정감)를 충전할 수 있다. 인정한다는 것은 아이의 존재에 관심을 갖는 것이다. 아이의 사소한 변화와 성장을 느끼게 되면 바로 그 자리에서 아이에게 말로 전달하자. "그림 그리는 실력이 엄청 늘었구나!" "글쓰기 싫어하는 줄 알았는데, 정말 훌륭하게 썼는걸!" "젓가락질 잘히게 되었구나!" "처음 본 사람한테도 인사 잘하네!" 등등. 뭐든지 싫증을 내던 아이가 피아노를 계속 쳐 유명한 피아니스트가 되는 것도 다 엄마의 말 한마디 덕분이다.

PART 03

01 아이의 존재 인정하기
"넌 형이 돼 가지고 왜 그래?"

아이가 하나일 때는 모르지만 둘 이상이 되면 보통 큰아이가 작은아이에게 필요 이상으로 심술을 부리는 경우가 많다. 그때는 대부분의 엄마들이 큰아이를 야단치게 마련인데 그랬다간 아이에게 서러운 마음만 키우게 될 것이다. 그럴 때 어떻게 하면 좋은지 한번 살펴보자. 특히 큰아이가 남자일 경우는 큰아이를 어른 취급하기 쉬운데, 큰아이도 아직은 엄마 손길이 필요한 어린아이라는 사실을 잊지 말자.

아카리는 아들 둘을 둔 엄마다. 그녀는 6살인 형 류지가 3살 동생 마사시를 '귀여워하지 않는 것'이 신경 쓰인다며 코칭을 의뢰했다. 큰아이가 작은아이의 장난감을 뺏거나 때리거나 할 때마다 매번 주의를 주지만 소용이 없다고 한다. 그날도 류지와 마사시가 함께 놀다가 류지가 갑자기 마사시가 들고 있던 장난감을 빼앗아 야단을 쳤는데, 그것이 내내 마음에 걸린다는 것이다.

아이의 성장을 막는 ~~나쁜 대화~~

마사시 : 하지 마. 내 장난감……

류지 : 넌 많이 갖고 놀았잖아!

마사시 : 내놔. (장난감을 돌려받으려는 마사시)

류지 : 안 돼! (마사시를 밀친다)

마사시 : 으앙! (울기 시작한다)

엄마 : 마사시 울지 마. 류지, 너 왜 그러니? 형이 돼 가지고 좋은 말로 '빌려줘'라고 말 못하니? ❶

류지 : ……. (불만스러운 얼굴로 뒤돌아선다)

이런 경우 대부분의 엄마들이 큰아이의 행동을 꾸짖고 고쳐보려고 할 것이다. ❶ 확실히 류지의 행동은 일방적이고 제멋대로인 것처럼 보인다. 동생에게 좋은 말로 할 수도 있고, 동생이 장난감을 가지고 논 뒤 자신이 놀 수도 있는데 그렇게 하지 못한 것을 야단칠 필요는 있다. 하지만 류지가 왜 그런 행동을 했는지를 헤아리는 것이 먼저다. 누구나 어렸을 때 동생에게 심술을 부렸던 기억이 있을 것이다. 그때는 엄마가 동생만 유난히 예뻐해주고 친절한 것처럼 보이지 않았는가? 큰아이는 동생을 귀여워하면서도 '왜 동생만 특별 취급을 받는 거야' 하는 질투심을 갖게 된다. 그 때문에 장난감을 빌려주지 않거나 함께 놀아주지 않는 등의 심술로 그 질투심을 없애려 한다. 그런데 이런 아이에게 '왜 동생을 귀여워해주지 않니'라고 혼을 내면 아이는 더 비뚤어지고 위축된다는 사실을 잊지 말자. 언제 기회를 봐서 아이에게 아래와 같이 다가가보자.

아이를 두 배로 성장시키는 코칭대화

엄마 : 류지, 그림 그리니? ❶

류지 : 응. 소방차 그림……. (엄마에게 그림을 보여준다)

엄마 : 와, 멋있네. ❷

류지 : ……. (쑥스러워한다)

엄마 : 어제 마사시랑 싸웠다고 엄마가 야단쳐서 속상했지?

류지 : 조금.

엄마 : 엄마가 미안하게 생각해.

류지 : 나도 잘못했어.

엄마 : 류지, 항상 엄마가 마사시 돌보느라 바쁠 때, 혼자서 옷도 갈아입고 밥도 잘 먹고 엄마한테 얼마나 도움이 되는지 몰라. 고마워. ❸

류지 : 괜찮아, 난 형이니까!

엄마 : 엄마가 늘 류지는 형이니까 참으라고만 했지? 섭섭했겠다. 미안해. ❹

류지 : 아냐, 괜찮아. 이제부터는 마사시 잘 데리고 놀게.

엄마 : 정말 우리 류지는 다 컸다니까. 류지, 이리 와. (다정하게 류지를 끌어안는다) ❺

류지 : ……. (쑥쓰러워하며 엄마에게 안긴다)

이런 상황에서는 위 대화처럼 큰아이와 단둘이 시간을 가지는 게 좋다. 그래서 아이의 행동에 관심을 보이고 ❶ ❷ 아이가 평소 하는 일들에 대해 감사와 위로의 말을 전하라. ❸ ❹ 대개 첫째 아이는 큰아이라는 이유만으로 엄마에게 혼나는 일이 많은데, 엄마가 이렇게 관심을 가져준다면 아이는 정말 기뻐한다. 더욱이 ❺와 같은 스킨십은 바쁘더라도 절대 잊어서는 안 된다. 아이는 분명 온몸으로 엄마의 애정을 느낄 것이다.

엄마 눈에 '난처'해 보이는 아이의 행동은 엄마에게 무언가를 호소하는 신호이다. 엄마가 자기에게 마음 써줬으면 좋겠다라는 SOS인 것이다. 특히 생각을 말로 잘 표현하지 못하는 아이의 경우 '장난'처럼 부모의 애를 태우는 행동을 하는 경우가 많다. 문제 있는 행동을 한다고 '나쁜 아이, 못된 아이'라고 단정짓지 말고 아이를 사랑으로 안아주기 바란다.

> **코칭대화 one point**
>
> 큰아이가 작은아이에게 심술을 부리는 등 문제 있는 행동을 한다고 '나쁜 아이, 못된 아이'라고 단정짓지 말고 사랑으로 아이를 안아주어야 한다. 자신한테도 관심을 가져달라고 신호를 보내는 것이다. 이때는 아이한테 "엄마는 네가 혼자서 잘해줘서 정말 도움이 많이 돼"라는 감사와 위로의 말을 전하라. 그러면 아이도 엄마가 자신을 믿고 있다며 안심하게 된다.

02 '온리 원'의 사실 전하기
"엄마, 왜 동생만 좋아해?"

아이들은 자주 묻는다. "엄마, 우리 중에 누가 제일 좋아?" 이럴 때 당신은 뭐라고 대답하는가? 아마도 엄마들은 "너희 모두 똑같이 좋아"라고 대답할 것이다. 하지만 아이들은 '자신이 가장 특별한 존재'이기를 원하기 때문에, 그 대답만 가지고는 어딘지 모르게 미흡하고 섭섭한 기분을 버릴 수 없을 것이다. 센스 있는 엄마라면 아이의 이런 기분을 놓쳐서는 안 된다. 그 방법을 한번 보자.

초등학생 여자 아이 에츠코와 유치원생 남자 아이 게타를 두고 있는 엄마가 들려준 이야기다. 하루는 엄마가 에츠코의 방에 들어갔더니 딸아이가 동생만 예뻐한다고 막 따지더라는 것이다. 당황한 엄마는 이런 에츠코한테 핀잔을 주었다고 하는데, 엄마의 그런 행위는 아이에게 상처를 준다는 사실을 잊지 말자.

아이의 성장을 막는 나쁜 대화

에츠코 : 엄마! 게타한테만 용돈 줬지?

엄마 : 안 줬는데?

에츠코 : 거짓말! 게타가 책받침이랑 공책 새로 샀어. 엄마가 돈 줬지?

엄마 : 게타가 필요하다고 해서 돈 준 거야. 너한테도 그렇게 해주잖아?

에츠코 : 게타한테는 거스름 돈까지 줬잖아. 게타는 그 돈으로 과자 사먹었단 말이야. 나한테는 거스름돈 안 주잖아. (에츠코, 눈물을 글썽인다)

엄마 : **게타, 왜 누나한테 쓸데없는 말하니? 말하지 말라고 했지?** ❶

게타 : 미안, 누나. 과자 줄게.

에츠코 : 됐어. 엄만 맨날 게타만 예뻐하고……. 저번에도 게타만 백화점에 데려갔지? 왜 게타만 예뻐하는 거야. (울기 시작한다)

엄마 : 아, 시끄러워. 이게 울 일이니? **마침 거기 게타가 있어서 데려간 거잖아.** ❷ 그런 일로 왜 울고 그래?

아이들은 항상 엄마의 애정 분배를 의식하고 있다. 엄마의 사랑이 다른 형제자매한테만 쏠려 있는 건 아닌지 매우 민감하다. 인기 만화 《마루코는

아홉 살(ちびまるこちゃん)》에 어머니가 딱 한 조각 남은 케이크를 동생에게만 몰래 주어 동생이 매우 기뻐하는 장면이 나오는데 아이들의 심리를 아주 잘 나타내주고 있다. 그렇다. 어느 아이나 부모에게 특별 취급을 받고 싶어 한다. 그런 만큼 자녀에게 하는 부모의 행동에 차이가 생기면 아이들은 차별이라 여기는 것이다. 누나인 에츠코가 엄마의 행동에 이렇게까지 화를 내고 눈물을 흘리는 것은, '엄마는 동생을 좋아해. 날 사랑하지 않아' 라고 생각하기 때문이다. 그런데도 엄마는 ❶처럼 에츠코의 불만을 부채질하는 말이나 ❷처럼 변명을 하며 에츠코의 기분을 받아들이지 못한 것이다. 아이 속에 싹튼 '날 사랑하지 않아' 라는 생각을 엄마의 따뜻한 말로 빨리 없애주어야 한다.

아이를 두 배로 성장시키는 코칭대화

앞의 대화 후, 혼자 방에 있던 에츠코에게 엄마가 말을 건다.

엄마 : 미안해. 엄마 행동이 에츠코에게는 편애하는 걸로 보였구나. 정말 속상했지?❶

에츠코 : 게타가 더 좋지? 다 알아.

엄마 : 그건 절대 아니야.❷ 거스름돈이 조금 생겨서 게타한테 준 거였어. 속상했다면 정말 미안해.❸

에츠코 : 그것뿐이 아니잖아. 왜 게타만 몰래 백화점에 데려갔어? 그리고 나한테 말하지 말라고 했지? 왜 게타만 예뻐하는 거야. (에츠코, 또 울기 시작한다)

엄마 : 속상하게 해서 미안해.❹ 나가려고 하는데 게타 신발이 너무 낡았더

라구. 그래서 게타도 데리고 간 거야. 네가 있었다면 너도 함께 데리고 갔을 거야. 그리고 나중에 네가 알게 되면 속상해할까봐 말하지 말라고 했던 거야.❺

에츠코 : 말도 안 하고 몰래 갔다 오고. 정말 너무해.

엄마 : 미안해. 엄마가 속여서 더 속상했구나. 앞으로는 에츠코한테 아무것도 숨기지 않고 다 말할게.❻ 엄마가 말할 수 있는 건 둘 다 똑같이 사랑한다는 거야. 그러니까 엄마가 '편애' 한다고 생각하면 엄마는 너무 속상해.❼

에츠코 : 정말 게타만 예뻐하는 거 아니지?

엄마 : 아니야. 에츠코를 이렇게 좋아하는걸. 이리 와. (에츠코를 다정하게 끌어안는 엄마)❽

아이가 엄마의 행동에 서운해할 때는 위 대화처럼 엄마가 스스로의 행동을 얼버무리지 않고 분명하게 설명하는 게 좋다.❷❺ 또 아이의 슬픔이나 분노를 헤아려 반성과 사과의 말을 전달하는 것도 효과적이다. ❶❸❹❻ 무엇보다 위 대화의 "둘 다 똑같이 사랑한다"는 말처럼❼ '사랑한다'는 메시지를 말과 행동으로 전달하는 게 중요하다.❽ '나는 엄마한테 사랑받지 못하는 건지도 몰라' 라고 생각하며 불안해했던 아이도 엄마의 마음을 온몸으로 느끼고 안정감을 되찾게 된다.

사람은 누구나 '나만 특별하고 싶다' 는 심리를 지니고 있다. 언젠가 많은 자녀를 둔 어머니가 텔레비전에 나와 인터뷰하는 것을 보았다. 그녀는 자녀들이 "누가 제일 좋아?"라고 질문하면 "세계의 모든 초등학교 3학년

중에 네가 제일 좋아!"라고 대답한다고 했다. 그렇게 하면 형제들끼리 싸울 일 없이 다들 '특별한 존재'가 될 수 있단다. 또 이 집은 한 달에 한 번씩 엄마, 아빠가 한 아이만 데리고 식사하러 가는 날이 있다고 한다. 그날은 엄마, 아빠를 독점할 수 있는 '특별한 날'인 것이다. 아이는 자신이 '특별한 사람'이 된 기분을 마음껏 누릴 수 있어 행복해질 것이다.

> **코칭대화 one point**
>
> 아이들뿐만 아니라 어른들도 나만 특별해지고 싶다는 심리가 있다. 엄마의 사랑도 형제들과 나눠 갖기보다 나만 한 몸에 듬뿍 받고 싶은 것이다. 아이가 "엄마, 누가 제일 좋아?"라고 물으면, 지체 없이 "엄마한테는 네가 제일이야!" 하는 메시지를 전하라.

03 아이의 변화, 성장 표현하기
"뭐가 달라졌는데?"

하루가 다르게 성장하는 게 아이들이다. 아이한테는 자신의 조그마한 성장도 대단한 것이다. 그만큼 엄마가 자신의 성장 하나하나를 알아줬으면 하는 마음이 간절하다. 당신의 아이가 한 달 사이에 어떻게 성장했는지 알고 있는가? 이를 잘 살펴보고 있는가? 제대로 보지 못한 채 지나쳐버리고 있지는 않은가? 엄마가 자신의 성장과 변화를 몰라주면 아이는 어떤 기분이 될지 한번 살펴보자.

초등학교 1학년인 가오리가 학교에서 돌아와 엄마에게 말을 걸었는데, 엄마가 저녁 식사 준비로 바빠서 모른 체했더니 아이가 화가 나서 제 방으로 가버렸다고 한다. 아이가 왜 그랬을까?

아이의 성장을 막는 나쁜 대화

엄마 : (가오리와 눈을 마주치지 않고 요리를 하며 대답한다)❶ 어서 와. 간식 만들어놨으니까 빨리 손 씻고 와.

가오리 : 엄마, 나 뭐 달라진 거 없어?

엄마 : 모르겠는데, 왜 그래?

가오리 : 잘 봐봐!

엄마 : 뭐가 달라졌어? 그냥 네가 가르쳐줘. (다시 요리를 시작한다)❷

가오리 : 잘 보니까!

엄마 : 얘가 정말 왜 이래? 엄마 지금 바쁘단 말야. 나중에 들을게.❸

가오리 : 됐어! 엄마랑 말 안 할 거야. (그리곤 자기 방으로 확 가버린다)

바쁠 때 아이가 말을 걸어오면 아이와 눈도 마주치지 않는 일이 많지 않은지. 위의 대화에서도 엄마는 가오리를 제대로 보지 않은 채 대화를 계속하고 있다.❶❷ 더욱이 하던 일에 집중하려고 도중에 대화를 중단시켜버렸다.❸ 아이는 엄마가 자신의 변화를 알아주길 바라고 말을 거는데, 엄마가 이런 행동을 보이면 자신의 존재 자체가 부정당하는 느낌을 받는다.

아이를 두 배로 성장시키는 코칭대화

엄마 : (하던 일을 멈추고, 가오리 쪽으로 몸을 돌려)❶ 어서 와. 간식 먹자.

가오리 : 엄마, 나 뭐 달라진 거 없어?

엄마 : 글쎄, 뭐가 달라졌을까? (가오리를 유심히 살펴본다)❷

가오리 : 잘 봐봐!

엄마 : 뭘까? 아! 아침이랑 머리 모양이 바뀌었구나!❸

가오리 : 맞았어! 친구가 묶어줬어.

엄마 : 그래? 잘 어울리네. 머리가 꽤 많이 자랐구나.❹

가오리 : (기뻐하며) 엄마, 나 예뻐?

엄마 : 응, 아주 예뻐.

가오리 : 내일부턴 내가 이렇게 묶고 갈 거야.

우선은 아이에게 관심을 가지고 살펴보라.❶ 그리고 아주 사소한 것이라도 아이한테 달라진 점이 있다면 그 자리에서 바로 말해줘라.❷~❹ 엄마의 말 한마디가 아이에게는 아주 큰 힘이 되고 아주 큰 만족감을 줄 것이다.

> ### 코칭대화 one point
> 아이들은 자신의 조그마한 변화도 엄마가 알아주길 바란다. 관심을 가지고 아이를 살펴보고 아이한테 조그마한 변화라도 있다면 곧바로 얘기해줘라. 그럼, 아이는 엄마가 항상 자신을 바라보고 관심을 가지고 있다는 뿌듯함을 느낀다.

04 비교하지 않기, 아이의 성장 인정하기
"좀 더 주의하지 그랬어?"

부모에게 아이의 성적은 무엇보다 중요할 것이다. 아이도 부모의 기대를 잘 알고 있다. 자신이 잘 못하는 과목에서 좋은 점수를 얻고 나서 흐뭇해할 부모를 떠올리며 집으로 갔는데, 엄마가 자신의 기대와 다른 반응을 보인다면 어떨까? 당신은 이런 아이를 대하며 "좀 더 열심히 해라! 더 잘할 수 있지?"라고 응원한 적은 없는가?

초등학교 6학년 여자 아이 미스즈의 엄마는 요즘 아이가 말만 하면 꼬투리를 잡아 아이랑 자주 부딪혀 고민이었다. 하루는 미스즈가 어려워하는 수학 과목에서 좋은 시험 점수를 받아왔기에 좀 더 잘하라는 의미에서 한마디 했더니 아이가 토라졌다고 한다.

아이의 성장을 막는 나쁜 대화

미스즈 : 엄마, 이거…….

엄마 : 얼마 전에 본 시험 결과구나. 80점, 잘했네. ❶

미스즈 : …….

엄마 : 열심히 했구나. 근데, 평균 점수는 얼마야? ❷

미스즈 : 65점 정도.

엄마 : 그럼, 평균 점수도 좋았던 거구나. ❸

미스즈 : 평균 점수가 무슨 상관이야? 나, 열심히 했단 말이야.

엄마 : 그래 맞아. 우리 미스즈 대단해.

미스즈 : 그렇지? 실수만 하지 않았으면 90점 받을 수 있었는데.

엄마 : 그래? 아까워라. 좀 더 주의하지 그랬어. 다 푼 다음에 검토는 확실히 한 거야? ❹

미스즈 : 몰라. 됐어.

　미스즈 엄마의 가장 큰 실수는 아이의 노력보다 점수 그 자체를 놓고 평가했다는 것이다. ❶~❸ 아이는 80점이라는 점수를 평가받고 싶은 것이 아니라 자신이 노력한 성과를 엄마가 기뻐해주기를 바랐던 것이다. 또한 엄마는 더 좋은 결과를 기대한 나머지, 눈앞에 있는 아이의 '기쁨'을 받아들이기 전에 '잘못된 점'부터 지적했다.❹ 이러한 관계 방법은 아이가 '지금의 나로는 엄마에게 인정받을 수 없어'라고 자신을 부정하는 사태를 가져올 수 있다.

아이의 의욕을 불러일으키고 성장으로 이어질 수 있도록 하는 엄마와 아이의 관계 방법을 생각해보자.

아이를 두 배로 성장시키는 코칭대화

미스즈 : 엄마, 이거…….

엄마 : 얼마 전에 본 시험 결과구나. 와! 미스즈 80점 받았네. 대단한걸!❶

미스즈 : 응…….

엄마 : (미스즈의 얼굴을 보면서) 좋겠구나!❷

미스즈 : 응. 조금 노력했을 뿐이야.

엄마 : 조금 노력했을 뿐이라고?

미스즈 : 응.

엄마 : 그럼 더 대단하네. 어떻게 공부했어?❸

미스즈 : 특별한 건 없어. 매일 조금씩 복습했을 뿐이야.

엄마 : 그래? 매일 복습을 했구나. 그럼, 미스즈가 매일같이 꾸준히 준비했다는 거네. ❹

미스즈 : 복습하니까 마음도 편하고 좋더라고.

엄마 : 그렇구나. 엄마는 좋은 점수 받은 것도 기쁘지만, 미스즈가 꾸준히 노력했다는 게 더 기뻐. ❺

미스즈 : 실수만 하지 않았으면 90점 받을 수 있었는데.
엄마 : 정말?
미스즈 : 응. 근데 실수를 좀 하는 바람에…….
엄마 : 그래도 엄만 우리 미스즈가 댄단한걸?
미스즈 : 아니, 뭘.

아이한테 좋은 일이 있을 때 엄마가 기뻐하는 마음을 표현하면 아이의 기쁨도 한층 커진다. ❶~❸ 어떤 노력이 지금의 결과를 있게 했는지 되돌아보게 하고 결실을 맺기까지 노력한 것을 인정해주어야 한다. ❹❺ 이로 인해 아이는 좋은 결과를 가져오려면 매일매일 노력하는 것이 중요하다는 사실을 깨닫게 된다. 잘한 것을 인정해주면 아이의 성장을 돕는 에너지를 만들어낼 수 있다는 걸 꼭 기억하자. 그리고 아이를 인정해줄 때는 순수한 마음으로 "이런 부분이 훌륭해" "정말 좋아해" 하는 말들을 전해주기 바란다. "~는 훌륭해. 착해. 그러니까 엄마가 하는 말 들어" 하는 식으로 아이의 기분을 좋게 만들어 엄마의 생각대로 끌어가려고 해서는 안 된다.

코칭대화 one point

아이가 노력해서 평소보다 좋은 결과를 가져왔는데, 엄마가 더 노력해서 더 좋은 결과를 얻으라고 말한다면 지금 자신의 상태로는 엄마한테 인정받을 수 없다고 여겨 자신을 부정하게 된다. 우선은 아이가 좋은 결과를 가져온 것을 기뻐해주고, 그다음에 어떤 과정이 지금의 결과를 가져왔는지 되돌아보게 하라. 그러면 아이는 앞으로도 더 좋은 결과를 낼 수 있을 것이라는 확신을 가지게 된다.

05 타이밍을 놓치지 않고 인정하기
"집에서도 그러면 얼마나 좋아!"

아이들은 날마다 성장하고 있다. 가정, 유치원, 학교, 친구와의 시간 등 모든 것이 성장의 무대다. 부모가 '못한다'고 생각하고 있던 것도 어느새 '잘한다'가 되어 있을지 모른다. 당신이 미처 보지 못한 아이의 성장이나 장점에 관한 이야기를 다른 사람으로부터 들었을 때, 당신은 어떻게 대응하고 있는가?

네 살 난 남자 아이 다쿠야 엄마는 자신이 아들을 잘 모르고 있는 것 같다며 고민스러워 했다. 어느 날, 다쿠야가 다니는 어린이집에 아이 마중을 갔는데, 어린이집 선생님이 자신이 전혀 생각지도 못한 다쿠야의 행동에 칭찬을 하더라는 것이다.

아이의 성장을 막는 나쁜 대화

선생님 : 어머니, 다쿠야는 정말 영리해요.

엄마 : 우리 다쿠야가요?

선생님 : 글쎄, 다쿠야가 오늘 화장실 슬리퍼를 잘 정리하더니, 큰 아이들에게도 다같이 해보자고 말하지 뭐예요.

엄마 : 네? 정말인가요? 집에서는 신발 정리 좀 하라고 아무리 말해도 듣지를 않아요. ❶

선생님 : 하지만 어린이집에서는 아주 잘해요. 저희한테 얼마나 도움이 되는지……

다쿠야 : (부끄럽다는 듯이) …….

선생님 : 친구들도 다쿠야를 참 좋아해요.

엄마 : 그래요?

선생님 : 친구들에게 늘 모범을 보이고, 힘든 일도 앞장서서 하니까요.

다쿠야 : (좋으면서도 더욱 쑥스러운 듯) …….

엄마 : (다쿠야를 보며) 얘, 웬일이니? 집에서도 그러면 얼마나 좋아! 평소에는 어리광만 부리고 말도 잘 안 들으면서. ❷

다쿠야 : …….

인정하기의 중요성을 알고 있어도 실천에 옮기기는 쉽지 않다. 다쿠야 엄마는 어린이집 선생님이 아이의 성장을 말해주고 있는데도 놀랍기도 하고 쑥스럽기도 해서 순순하게 아이를 인정하지 못한 것이다.❶ 그뿐 아니라 마치 아이를 놀리기라도 하는 말투로 아이의 단점을 강조하는 발언까지 했다.❷ 다쿠야는 분명 엄마에게 칭찬받을 것을 기대했을 것이다. 아이가 자존심에 상처를 입지 않았을까?

아이를 두 배로 성장시키는 코칭대화

선생님 : 어머니, 다쿠야는 정말 영리해요.

엄마 : (쑥스러운 듯) 선생님, 우리 아이를 칭찬해주셔서 정말 감사해요.

선생님 : 글쎄, 다쿠야가 오늘 화장실 슬리퍼를 잘 정리하더니 큰 아이들에게도 다같이 해보자고 말하지 뭐예요.

엄마 : (깜짝 놀라서) 네? 정말인가요?

선생님 : 그럼요. 다쿠야가 얼마나 대견한지 몰라요.

엄마 : (다쿠야 쪽을 향하고 다쿠야를 끌어안는다).❶ 다쿠야! 슬리퍼 정리했구나. 잘했어.❷

다쿠야 : 아니 뭘…….

선생님 : 저희도 얼마나 도움이 되는지…….

엄마 : 우리 아이가 밖에 나와서 좋은 일을 했다니까 참 좋군요. 다쿠야 아빠도 들으시면 아주 기뻐할 거예요. 우리 다쿠야, 마냥 애기인 줄 알았는데 이제 다 컸구나.

선생님 : 그럼요. 다쿠야가 얼마나 의젓한데요.

다쿠야 : (쑥스러워하면서도 기뻐하며) ······.

선생님도 다쿠야 머리를 쓰다듬어준다.

위 코칭대화의 포인트는 두 가지다. 첫째, 선생님이 아이를 칭찬하자 엄마가 바로 그 자리에서 아이를 인정하고 있는 점이다.❷ 이것으로 아이는 자신의 행동이 주위 사람들을 기쁘게 해주었다는 것을 실감할 수 있다. 시간이 지나서 칭찬해준다면 그 칭찬의 효과가 반감된다. 인정하는 타이밍이 매우 중요하다. 둘째, 아이를 안으며 확실하게 스킨십을 하고 있는 것이다.❶ 어린아이들은 어른의 말보다도 표정이나 태도, 신체를 통해 전해지는 감각에 영향을 받기 쉽다. 아이에게 엄마의 기분을 온몸으로 표현해주는 것은 무엇보다 강한 메시지가 된다. 실제로 신발을 정리하지 않는 아이라 하더라도 이런 일을 계기로 달라질 수도 있다.

아이들은 사소한 사건을 통해서도 나름대로 성장한다. 엄마가 아이에게 그 사실을 분명하게 전달하면 굉장한 자부심을 갖기도 한다. 자신의 성장을 지켜봐주는 엄마의 존재가 아이를 자라게 하는 것이다.

> **코칭대화 one point**
>
> 아이들은 매일 매일 성장하기 때문에 엄마가 못한다고 생각했던 것도 한순간에 잘하게 되는 경우가 있다. 그때는 타이밍을 놓치지 말고 바로 칭찬해줘라. 아이를 꼭 안아주는 것도 말보다 강한 메시지가 될 수 있다.

06 아이마다 다른 방식으로 인정하기
"칭찬해줬는데 왜 그래?"

아이한테 칭찬을 해주었는데 아이가 시큰둥해하는 표정을 지은 적은 없는가? 엄마들은 아이를 칭찬할 때 무심코 같은 말, 같은 방법으로 칭찬하기 쉽다. 그러면 아이는 으레 하는 칭찬이라고 생각하게 된다. '대단하다'라는 말을 듣는다고 모든 아이가 기뻐하는 것은 아니다. 아이한테 엄마의 마음을 전하는 인정하기의 포인트는 무엇일까?

초등학교 5학년인 하야토와 초등학교 4학년인 여동생 미사키가 학교에서 학기말 성적표를 받아왔기에 엄마는 두 아이 모두를 칭찬해주었다. 그런데 오빠인 하야토는 엄마의 칭찬을 순순히 받아들이는데 미사키는 불만을 표시했다고 한다. 미사키는 엄마의 칭찬에 왜 불만을 나타낸 것일까?

아이의 성장을 막는 ~~나쁜~~ 대화

엄마 : 하야토, 대단하구나. 특히 수학 점수가 굉장히 올랐네! ❶
하야토 : 응. 지난 학기에는 '미' 였는데 이번 학기엔 '수' 받았어!
엄마 : 아주 잘했어.
하야토 : 헤헤!
엄마 : 와! 미사키 대단하네. ❷
미사키 : 대단하지 않아.
엄마 : 왜? 국어와 영어도 성적이 올랐잖아. 열심히 했잖니.
미사키 : 엄마가 나 열심히 했는지 안 했는지 어떻게 아는데?
엄마 : 미사키, 왜 그러니? 성적이 오른 건 좋은 거잖아. 어째서 순순하게 좋아할 줄을 몰라? 칭찬해줬는데 그런 식으로 말하면 엄마가 섭섭하잖니? ❸

    오빠는 엄마의 칭찬을 듣고 기뻐하는데 동생은 오빠처럼 '순순하게' 기뻐하지 않는다고 엄마가 혼을 낸 것이다. ❶~❸ 엄마의 말에 기뻐하지 않는 미사키는 '순순한' 아이가 아닐까?
    누구나 자신만의 개성이나 타입이 있다. 부모님과 선생님은 시험 점수에 대해 "대단해, 아주 잘했어"라고 칭찬하지만 그 말이 기쁘지 않은 아이도 있다. 왜냐하면 아이 스스로 그 결과가 만족스럽지 않기 때문이다. 무슨 일이든 자신이 바라는 성과를 내지 못했을 때는 기쁘지 않는 법이다. 이럴 때는 엄마가 아이마다 다른 방식으로 인정해주는 게 포인트다.

아이를 두 배로 성장시키는 코칭대화

엄마 : 하야토, 수학 점수가 굉장히 올랐네! ❶

하야토 : (기뻐하며) 응. 지난 학기에는 '미'였었는데 이번 학기엔 '수' 받았어!

엄마 : 아주 잘했어.

하야토 : 헤헤!

엄마 : 미사키는 국어랑 영어 성적이 올랐구나. 국어는 10점이나 올랐네! ❷

미사키 : 응, 그렇긴 해…….

엄마 : 왜 그래? 미사키, 시큰둥하고. ❸

미사키 : 수학은 열심히 했는데 성적이 안 올랐어.

엄마 : 아, 수학 공부 열심히 했는데 성적이 잘 안 나와서 실망했구나. ❹

미사키 : 국어랑 영어는 그렇게 열심히 안 했단 말이야.

엄마 : 그랬어? 열심히 안 했는데 성적이 오른 건 대단한데. ❺ 수학도 매일 시간을 정해서 하니까 실수가 꽤 줄었잖아. ❻

미사키 : 응.

엄마 : 다음번 시험도 기대해보자!

미사키 : 응. 열심히 해야지. 꼭 성적 올릴 거야. ❼

엄마 : 그래, 지금까지처럼 노력하면 다음번엔 수학 성적도 꼭 오를 테니 걱

정하지 마.

미사키 : 응, 엄마.

   같은 부모에게서 태어난 형제자매라도 인정받기를 원하는 포인트는 각자 다르다. 위의 코칭대화의 "국어랑 영어 성적이 올랐구나. 국어는 10점이나 올랐네!"처럼, 구체적으로 '어디를 잘했는지' '왜 잘했다고 생각하는지' 아이마다 말을 바꾸어 해주는 게 좋다.❶❷ 설령 아이가 엄마의 말을 받아들이지 못하더라도 아이의 표정을 놓치지 말고 그 기분을 이해해줘라.❸ 또 아이가 어떤 일을 열심히 했지만 결과에 실망스러워할 때는 그 마음을 알아주면❹, 결과는 물론 그 결과로 직접 이어지지 못한 '노력'이나 '성장'까지도 확실히 느낄 수 있다.❺❻ 그러면 결과에만 마음을 빼앗겨 힘이 빠져 있는 아이의 시점이 미래로 향하게 된다.❼ 덕분에 아이는 자신의 노력이 헛수고가 아니라는 것, 미래로 이어지는 다리라는 것을 파악할 수 있게 된다. 이것이 아이에게는 강한 동기부여로 작용하게 된다.

   아이의 의욕을 끌어내고 움직이게 하는 포인트는 아이의 지금 기분을 잘 파악하고 아이의 기분에 맞추어 말을 해주는 것이다.

> **코칭대화 one point**
>
> 아이를 칭찬하고 인정할 때 계속 같은 방식을 취하면 아이는 엄마가 으레 하는 칭찬이구나 싶어 시큰둥하게 된다. 아이들마다 인정받고 싶어 하는 포인트가 다르기 때문에 구체적으로 어떻게 잘했는지, 어디가 좋은지 꼭 짚어서 얘기해주면 훨씬 더 효과적이다.

아이에게 역할 주기, 의지하기
"벌써 네 살이잖니? 혼자 걸어야지!"

"우리 아이는 어리광쟁이고 손이 많이 가요" "부모에게 의지하려고만 해서 걱정이에요"……. 부모들은 종종 이런 푸념들을 늘어놓는다. 하지만 정작 부모인 당신이 아이를 '혼자서는 못하는 존재'로 보고 있는 것은 아닌가? 엄마가 마냥 돌봐줘야 할 것 같던 아이도 역할을 주면 생각 이상으로 잘하는 경우가 많다. 하루키의 예를 보며 당신은 아이를 얼마나 믿고 맡기는지 생각해보자.

하루키 엄마는 네 살 난 하루키가 두 살 아래의 남동생 유키와 똑같이 엄마에게 어리광을 부리는 게 고민이었다. 하루키 엄마는 하루키가 자기 나이만큼 의젓해지기를 기대하며 코칭을 의뢰했다. 다음은 하루키 가족이 산책을 나갔을 때의 일인데 하루키의 상황을 한번 보자.

아이의 성장을 막는 나쁜 대화

유키: (어리광 부리며) 아빠, 안아줘.

아빠: 힘들어? 못 걷겠어?

유키: 응, 못 걷겠어!

아빠: (유키를 번쩍 안으며) 그럼 아빠가 안아줄게.

하루키: (엄마를 보며) 엄마, 나도······.

엄마: 하루키! 하루키는 유키랑 달라. 벌써 네 살이잖니? 혼자서 걸어야지 그러면 어떡해! ❶

하루키: 나도 힘들단 말이야.

엄마: 어리광 부리는 거야?

하루키: 어리광 부리는 것 아냐.

엄마: 엄마가 보기에는 어리광이야.

하루키: 정말 못 걷겠어.

엄마: 이상하네. 유치원 소풍 때는 더 많이 걸었잖아? 자 힘내! ❷

하루키: 못 걷겠어. 안아줘!

엄마: (짜증내는 모습으로) 하루키! 어리광 부리지 마! ❸

하루키: 쳇!

하루키가 동생과 똑같이 어리광을 부리는 것은 자신도 엄마, 아빠의 사랑을 확인하고 싶어서다. 그런데도 엄마는 아들의 이런 마음을 몰라주고 "벌써 네 살인데 어리광부리는 게 이상하다. 좋지 않다"며 하루키를 혼내거나 격려하려 들었다. ❶~❸ 하루키는 엄마, 아빠가 자신의 기분을 받아들여주지 않자 더욱 떼를 쓴 것이다. 이럴 때는 오히려 엄마가 아이에게 기대며 의지해보는 것도 한 방법이다.

아이를 두 배로 성장시키는 코칭대화

유키 : (어리광 부리며) 아빠, 안아줘.

아빠 : 힘들어? 못 걷겠어?

유키 : 응, 못 걷겠어!

아빠 : (유키를 번쩍 안으며) 그럼 아빠가 안아줄게.

하루키 : (엄마를 보며) 엄마, 나도…….

엄마 : (빙긋 웃으며) 하루키, 엄마 걷는 거 잘 못하는 거 알지? 엄마도 계단 오르기가 힘든데. ❶

하루키 : …….

엄마 : 엄마가 힘들어하는데, 하루키는 어떻게 할 거야? ❷

하루키 : 엄마도 힘들어?

엄마 : 그래.

하루키 : 어른인데 힘들어?

엄마 : 가다가 넘어질지도 몰라. 도와줄래?

하루키 : 좋아.

하루키 : (엄마를 보며) 엄마, 괜찮아?❸

엄마 : 너무 고마워. 엄마, 하루키 덕분에 끝까지 왔네.❹

하루키 : 아니, 뭘.

 엄마가 아이에게 강한 모습을 보이면 아이는 엄마가 강하다고 생각한다. 하지만 때때로 아이에게 나약한 모습을 보이면❶ ❷, '어리광을 부릴 존재'로 생각했던 엄마를 '자신이 돌보아주어야 할 존재'로 생각하게 된다. 아이는 '자신이 엄마에게 도움이 되는 존재'로 인식함으로써 자신감을 가지고 엄마를 돌보는 행동을 한다.❸ 자신에게 책임감이 주어지면 의욕이 생겨 분발하는 것은 어른이나 아이나 마찬가지다. 엄마가 보기에 다소 불안하더라도 아이에게 책임감을 지우면 생각지도 못한 아이의 능력을 끌어낼 수 있다. 아이가 맡은 바 일을 잘했을 때는 감사의 마음을 꼭 전해줘라.❹ 자신이 누군가에게 도움이 되었다는 기쁨은 아이에게 커다란 자신감을 심어줘 아이를 더욱 성장시킬 것이다.

> **코칭대화 one point**
>
> 때로는 아이에게 엄마의 나약한 모습을 보여주며 아이에게 기대보아라. 그러면 아이는 엄마를 자신이 돌봐줘야 하는 대상으로 생각해 더욱 의젓하게 행동할 것이다.

08 아이의 존재가치, 영향력 전하기
"엄마, 아빠 왜 결혼했어?"

아이들은 엄마, 아빠가 어떻게 만났는지, 자신이 어떻게 태어나고 어떻게 자랐는지 매우 궁금해한다. 아이가 그런 질문을 해오면 쑥스러운 마음에 대충 얼버무리며 대답을 못하는 것은 아닌지? 아이가 엄마, 아빠의 사랑의 결실로 태어났으며, 아이가 태어난 것이 얼마나 소중하고 행복한 것이었는지, 혹여 전해주지 못하고 있는 것은 아닌가?

초등학생 여자 아이 시즈카의 엄마는 며칠 전 저녁 식사 후, 아이가 거실에서 앨범을 보다가 "엄마, 아빠가 왜 결혼했는지"라고 물어왔는데 답변을 제대로 하지 못했다. 그날의 상황을 한번 보자.

아이의 성장을 막는 나쁜 대화

시즈카 : 엄마, 아빠는 왜 결혼했어?

아빠 : 음, 왜였지? 잊어버렸어. ❶

엄마 : 아빠가 엄마랑 꼭 결혼하고 싶다고 따라 다녀 어쩔 수 없어 결혼했지.

아빠 : 맞아. 아빠는 누구라도 상관없었어. ❷

시즈카 : 거짓말 마! 정말 결혼한 이유가 뭐야?

아빠 : 기억 안 나. 어쩌다 보니까……. ❸

시즈카 : 시시해. 그럼, 나는 어렸을 때 어떤 아이였어?

엄마 : 밤마다 어찌나 울어 대는지, 엄마도 매일같이 울었지. ❹

아빠 : 아기 때는 자주 아파서 정말 힘들었어. 시즈카, 엄마와 아빠가 얼마나 고생했는지 알아? ❺

시즈카 : …….

아이가 엄마, 아빠가 왜 결혼했냐고 물으면 대부분의 사람들은 선뜻 대답을 하지 못할 것이다. ❶~❸ 당신도 그동안 아이가 이런 질문을 해오면 시즈카의 엄마, 아빠처럼 얼버무리지 않았는지? 또 아이를 키우면서 겪은 어려움을 말하면서도 아이가 태어난 기쁨에 대해서 말해준 적은 없는 게 아닌지? ❹❺ 아이는 부모와 주위 사람에게 자신이 얼마나 사랑스러운 아이였는지 이야기를 들으면 자기 존재가치를 확인하게 된다. 부모가 먼저 그 사실을 전해주기가 쑥쓰럽다면 아이가 질문을 해왔을 때 그 기회를 놓치지 말자. 다음 대화를 참조하면 도움이 될 것이다.

아이를 두 배로 성장시키는 코칭대화

시즈카 : 엄마, 아빠는 왜 결혼했어?

아빠 : 음, 우리가 왜 결혼했지 여보?

엄마 : 아빠랑 엄마는 같은 회사에 다녔는데 서로 사랑하게 됐어. 그리고 아빠가 결혼해달라기에 엄마도 바로 좋다고 했지.❶ 근데 이런 얘기 하자니 좀 부끄럽다.

시즈카 : 그렇구나. 아빠는 엄마 어디가 좋았어?

아빠 : 그때는 엄마의 모든 게 다 좋았지.❷

엄마 : 고마워요, 여보. 엄마는 아빠가 친절한 게 참 좋았어.❸

아빠 : 시즈카도 엄마랑 닮았어.

시즈카 : 정말? 어렸을 때 나는 어떤 아이였어?

아빠 : 귀여웠지.

엄마 : 눈이 크고 귀여웠어. 엄마는 매일 얼마나 기뻤는지 몰라. ❹

시즈카 : 내가 엄마 속상하게 했던 적은 없었어?

아빠 : 근데 우리 시즈카가 어렸을 땐 자주 아팠지. 그래서 아빠도 걱정이 돼서 일이 손에 잡히질 않았고.

엄마 : 아빠는 시즈카에 관한 일이라면 아주 작은 일이라도 신경을 많이 쓰셨으니까.

아빠 : 그러던 우리 공주님이 이렇게 건강하게 잘 자라줘서 아빠 얼마나 기쁜지 몰라. ❺

시즈카 : …….

이 대화처럼 솔직하게 아이에게 두 사람이 사랑한 이유를 말하고 서로의 장점을 인정하라. ❶ ~ ❸ 또 아이가 서로 사랑하는 부모 밑에서 태어났으며, 부모에게 둘도 없이 소중한 자식이라는 사실을 있는 그대로 전해주어라. ❹❺ 이것은 '너의 존재가 소중해'라고 확실하게 인정하는 행위다.

아이에게 자신의 존재가치를 전해주는 방식은 매우 다양하다. "엄마는 네가 있어서 힘낼 수 있어" "너의 밝은 목소리를 들으면 아침부터 힘이 나" "네가 태어나줘서 정말 기뻤어" 등등. 그러면 아이는 쑥스러워하면서도 자신의 존재가치를 실감하고 부모를 비롯해 주위 사람들과의 관계를 소중히 여기고 감사하게 된다. 인간은 누구나 자신이 누군가에게 필요한 존재라고 느낄 때, 더욱 강하게 살아갈 수 있다.

코칭대화 one point

아이가 자신이 어떻게 이 세상에 존재하게 됐는지 알고 싶어 한다면 엄마와 아빠가 얼마나 사랑해서 아이를 낳았고, 그렇게 태어난 아이가 얼마나 소중한 존재였는지를 전해주어라. 그러면 아이는 자신의 존재를 소중히 여기고, 나아가 주위 사람들과의 관계도 감사하게 생각한다.

믿고 지켜보기
"학교에서 무슨 일이 있었니?"

아이가 학교에서 돌아와 시무룩해한다면 엄마는 온갖 상상을 하며 불안해할 것이다. '혹시 왕따를 당하고 있는 건 아닐까?' '친한 친구랑 싸운 건 아닐까?' '선생님한테 호되게 야단을 맞았나?' 당장이라도 아이를 다그쳐 왜 그러는지 묻고 싶겠지만 자칫 했다간 아이를 더 깊은 동굴 속에 가둘 수도 있다. 이런 경우 어떻게 해야 할지 한번 보자.

마이 엄마는 학교에서 돌아온 마이가 무슨 일인지 책상 앞에 앉아 꼼짝을 하지 않는다고 필자에게 걱정을 털어놨다. 아이에게 왜 그런지 물어봐도 아예 말을 하지 않는다는 것이다. 마이에겐 어떤 고민이 있는 걸까?

아이의 성장을 막는 ~~나쁜 대화~~

엄마 : 마이, 왜 기운이 없어? 무슨 일 있니?

마이 : 아무것도 아니야.

엄마 : 아무것도 아닌 게 아닌 것 같은데? 왜 말이 없어?

마이 : (한숨을 토해내며) 괜찮으니까 신경 쓰지 마.

엄마 : 왜? 학교에서 무슨 일 있었어?

마이 : …….

엄마 : 왜 그래? 친구랑 무슨 일 있었어?

마이 : 아이, 귀찮아. 말 좀 시키지 마.

엄마 : **네 얼굴을 보고 어떻게 아무 말도 안 해. 그러지 말고 엄마한테 속시원히 말해봐.**❶

마이 : 아휴! 정말 엄마 때문에 더 속상해.

아이들은 커가면서 점점 부모에게 모든 것을 털어놓기를 꺼린다. 마음을 터놓기 쑥스러워서 그럴 수도 있지만, 부모가 걱정할까봐 더욱 알리고 싶지 않은 경우도 있다. 또 자신의 기분을 정리하지 못했기 때문에 이야기할 준비가 되어 있지 않을 수도 있다. 이럴 때 안달복달하여 강제로 아이의 입을 열려고 하면 역효과만 날 뿐이다.❶ 동굴 속에 갇힌 아이를 끌어내려면 어떻게 해야 할까?

아이를 두 배로 성장시키는 코칭대화

엄마 : 마이, 기운이 없어 보이네. 무슨 일 있었니?

마이 : 아무것도 아니야.

엄마 : 아무것도 아니야? **왠지 평소보다 기운이 없어 보여서 엄만 좀 걱정이 되는데.** ❶

마이 : 아무것도 아니니까 신경 쓰지 마.

엄마 : 그래? 알았어. **혹시 나중에라도 엄마에게 말하고 싶어지면 언제든지 얘기해.** ❷

마이 : 응.

엄마 : 네 얼굴이 어두우니까 엄마 마음도 아파. 무슨 큰일이 아니었으면 좋겠다.

마이 : 큰일 아니니까 너무 신경 쓰지 마.

엄마 : 그럼 엄마도 일단은 안심이야.

마이 : 나중에 말하고 싶으면 할게.

엄마 : 꼭 그렇게 해줘. 그럼 언제라도 불러.

마이 : 응.

　아이가 이럴 때는 왜 그런지 물어보고 싶은 마음을 잠시 눌러두고 아이를 믿고 기다려주는 것이 엄마가 해야 할 몫이다. "너를 걱정하고 있어"라고 엄마의 마음을 전달하는 것도 좋다.❶　말뿐 아니라 태도로도 '언제라도 네 얘기를 들을 준비가 되어 있다' 라고 전해보자.❷ 아이가 엄마를 필요로 할 때 쉽게 말을 꺼낼 수 있는 상황을 만들어두는 것이 좋다. 그러면 아이는 일단 자신의 마음이 정리되면 틀림없이 엄마한테 이야기를 할 것이다. 말하기 싫은데 누군가에게 자꾸 말을 하라고 강요당하면 어른도 짜증이 난다. 이런 기분은 아이도 마찬가지이니 절대 무리하게 아이의 입을 열려고 해서는 안 된다.

> **코칭대화 one point**
>
> 아이가 말없이 시무룩해할 때는 왜 그런지 당장 캐묻기 보다는 아이가 말하고 싶을 때 말할 수 있도록 기다려줘라. 대신 엄마는 언제라도 아이의 이야기를 들을 자세가 되어 있다는 메시지를 꼭 남겨라.

10 아이의 동경 소중히 여기기
"엄마, ○○ 멋있지?"

아이돌 스타나 TV 프로그램, 게임……. 당신의 아이가 이런 것들에 몰두하고 있다면? 당신은 그런 아이에게 무턱대고 무관심한 태도나 비판적인 반응을 보이고 있지는 않은가? 자신의 어린 시절을 떠올려보자. 좋아하는 스타 사진을 벽에 걸어 두고, 그 스타가 출연하는 TV 프로그램이나 영화를 빠짐없이 찾아봤던 적이 있을 것이다. 그때는 엄마가 아무리 뭐라고 해도 귀에 들어오지 않았을 것이다. 그 기억을 떠올리며 다음 상황을 잘 보자.

초등학교 6학년인 하루나는 요즘 아이돌 스타에 빠져 온통 그것밖에 관심이 없다고 한다. 이런 하루나가 걱정이 돼 하루나 엄마는 코칭을 의뢰했는데, 아래 대화는 하루나의 집에서 매일같이 펼쳐지는 풍경이라고 한다. 어떤 상황인지 한번 보자.

아이의 성장을 막는 나쁜 대화

하루나 : 와! ○○다! 멋있어! 그치 엄마?

엄마 : (지루하다는 듯이) 뭐가 그렇게 좋아? ❶

하루나 : 춤도 잘 추고 노래도 진짜 잘하잖아.

엄마 : (불만스러운 듯) 그런가? ❷

하루나 : 노래 부르면서 저렇게 춤추는 건 굉장한 거야.

엄마 : 그래? 그건 알겠는데, 소리 좀 줄여라. ❸

잠시 후 채널을 돌리는 하루나. 비즈니스로 성공한 사람을 특집으로 다룬 프로그램이 진행되고 있다.

하루나 : 굉장하다! 부자의 자택이래! 좋겠다. 나도 돈 모아서 언젠가는 저런 집에서 살고 싶다.

엄마 : 엄마는 저렇게 큰 집은 싫더라. 안정감이 없잖아. ❹

하루나 : 쳇! 엄마랑 얘기하는 거 재미없어. ❺

엄마가 보기에 별 대수롭지 않은 것에 아이가 관심을 쏟고 있으면 한심하다는 생각이 들어 핀잔을 주게 된다. ❶~❹ 하지만 엄마의 이러한 행위는 아이의 천진한 꿈이나 동경을 시시하게 여기는 것과 마찬가지다. 그러면 잔뜩 들떠서 이야기를 꺼낸 아이의 기분을 상하게 만들어 대화도 중단되고 만다.

아이는 자신이 좋아하는 것에 대해 누군가 흥미를 가져주면 그것만으로도 기쁨을 느끼고 상대를 친근하게 받아들인다. 반대로 자신이 좋아하는 것을 부정당하면 자신이 부정당한 것처럼 슬퍼진다. 뿐만 아니라 그런 상대에게 마음을 닫기도 한다.❺ 아이가 긍정적이고 희망찬 인생을 보내길 바란다면 꿈을 자유롭게 이야기할 수 있는 환경을 만들어줘야 한다. 아래와 같이 대화를 끌어가는 게 좋을 것이다.

아이를 두 배로 성장시키는 코칭대화

하루나 : 와! ○○다! 멋있어! 그치 엄마?

엄마 : 하루나는 이 사람 좋아하는구나? 어디가 좋아?❶

하루나 : 춤도 잘 추고 노래도 진짜 잘하잖아.

엄마 : 그렇구나. 노래 부르면서 저렇게 춤을 출 수 있다니 굉장하다.❷

하루나 : 그렇지? 굉장히 연습 많이 해, 저 사람.

엄마 : 그래? 하긴 열심히 연습하지 않으면 저렇게까지 춤을 추진 못하겠지.

하루나 : 맞아.

잠시 후 채널을 돌리는 하루나. 비즈니스로 성공한 사람을 특집으로 다룬 프로그램이 진행되고 있다.

하루나 : 굉장하다! 부자의 자택이래! 좋겠다. 나도 돈 모아서 언젠가는 저런 집에서 살고 싶다.

엄마 : 하루나는 큰 집이 좋아?❸

하루나 : 아니. 저렇게까지 크지 않아도 상관없지만, 정원이 넓고 창이 컸으면 좋겠어.

엄마 : **기대 되네.** ❹

하루나 : 이다음에 크면 꼭 지을 거야!

엄마 : 그래, 엄마도 기도할게.

이 대화처럼 엄마와 아이가 같은 눈높이에서 이야기하는 것이 중요하다. 엄마는 자신의 의견을 말하기 전에 아이의 말에 흥미를 가지고 받아들여야 한다. 또 아이의 기분에 공감하고 질문을 던지며 ❶❷❹ 아이의 꿈을 구체적으로 끌어내는 게 좋다. ❸

아이들은 자신이 좋아하는 것은 엄마, 아빠도 같이 좋아하고 이해해주고 응원해주었으면 하는 마음을 갖고 있다. 아이의 들떠 있는 마음을 인정하고 공감해주는 엄마의 존재는 아이의 꿈을 구체화시켜나가는 데 큰 힘이 된다.

코칭대화 one point

아이가 좋아하고 흥미로워하는 것이 있다면 엄마의 가치관과 잣대로 의견을 말하기보다 그런 아이의 기분을 받아줘라. 그럼, 아이는 엄마가 자신을 이해해준다는 기분이 들어 자신의 꿈을 더욱 구체적으로 끌어내고 다가갈 수 있다.

코칭대화 인정하기 기초 스킬

○ '칭찬하기'와 '인정하기'의 차이

"아이를 인정해주세요"라고 하면 "칭찬하는 거랑 뭐가 다르죠?"라고 질문하는 엄마들이 많다. 그러나 '인정하기'는 '칭찬하기'와 다르다.

칭찬하기는 '칭찬하는 이유'가 있는 조건부로 상대를 인정하는 것이다. 예를 들어 부모의 지시를 따른 아이에게 "말 잘 듣는 착한 아이구나"라고 말한다거나 100점 맞은 아이에게 "100점 맞았구나, 잘했네" 하는 것이 이에 해당한다. "○○할 수 있는 네가 굉장해"와 같이 부모가 요구하는 어떤 행위를 했을 때만 '인정해주는 것'이라고 한다면 이해가 쉬울 것이다.

반면, 인정하기는 무조건적으로 아이의 존재를 인정하는 것 '너는 소중한 존재다'라고 전달하는 것이다. 조건부로 아이를 인정한다는 것은 '아이가 그 조건을 충족시키지 못했을 때는 인정해주지 않는 것'이 된다. 예를 들어 아이가 시험에서 90점 이상을 받았을 때만 엄마가 "대단하구나. 엄마의 자랑이야" 하는 칭찬을 하고 그렇지 못했을 때는 칭찬을 하지 않는다면 어떻게 될까? 엄마가 마음속으로는 아이를 사랑하고 있다고 해도 아이는 '90점 이상을 받아야만 엄마한테 칭찬받을 수 있다. 사랑받는다'는 오해를 할 가능성이 높다. 아이가 평균 이하의 점수를 받았다면 '나는 사랑받을 수 없어. 난 안 돼' 하는 비참함을 금치 못할 것이다.

아이를 칭찬할 이유를 좀처럼 찾지 못하더라도 인정하는 것은 언제나 가능하다. 아이에게 "네가 살아 있는 것 자체가 기뻐. 너는 엄마에게 하나밖에 없는 특별한 존재란다" 하고 말해보자. 엄마의 이 한마디로 아이의 마음은 기쁨으로 가득하고 삶의 의욕도 마구마구 샘솟아오를 것이다.

🔴 야단칠 때도 존재는 인정하기

아이한테 야단을 칠 때도 요령이 있다. 우선은 엄마 스스로 감정 조절하는 것이 중요하다(190쪽 '아이에 대한 분노의 감정 다스리기' 참조.)

다음으로 아이가 왜 그러한 행동을 했는지 들어보고 받아들여라. 이는 아이가 잘했다는 것이 아니라, "네 생각은 그랬구나" 하고 아이의 기분을 몰라라 하지 않고 받아들여주라는 것이다. 그런 다음 아이의 존재가 아니라 행동을 야단을 쳐라. "넌, 못된 아이야" "엄마 아들이 아니야" "넌, 형편 없어"와 같은 존재 자체에 상처를 입히는 말보다는, "이런 행동을 하다니 너답지 않구나"와 같이 아이의 행위에 초점을 맞추어 메시지를 전하는 것이다.

야단치는 것도 인정하는 것의 일부다. 아이가 당신에게 소중한 존재인 만큼 당신은 아이의 성장을 바라고 야단치는 것이니까.

아이는 '자기편'이라고 생각하는 사람이 진심어린 말을 하면 설령 그것이 듣기 싫은 소리라도 받아들인다. 아이는 부모가 자신의 감정에 못 이겨 화를 내는 것인지, 아이 편에 서서 야단을 치는 것인지 예리하게 구분해낸다.

그리고 아이를 야단친 후에 어떻게 하는지도 중요하다. 아이가 반성했으니까 괜찮다고 부모가 방치하면 아이는 말로만 빌면 부모가 용서해준다는 잘못된 생각을 가질 수도 있다. 그러므로 아이가 자신의 행동을 '어떻게 해야 할지' 스스로 생각하게 하고 스스로 행동할 수 있도록 재촉하라. 그러면 아이는 '반성에 대한 책임'도 반드시 져야 한다는 것을 배우게 될 것이다.

◯ 인사나 말 걸기로 시작하는 인정하기

아이가 '나에게 신경을 써주고 있다, 나를 소중하게 여겨준다'고 느끼게 해주는 게 중요하다. 예를 들어 가장 간단하게 할 수 있는 방법은 '안녕' '어서 와' '잘 자' 같은 인사나 말 걸기를 하는 것이다.

예전에 필자가 다녔던 직장에 두 가지 타입의 상사가 있었다. 한 부류는 "좋은 아침! 오늘도 잘 부탁해" 하고 심심찮게 말을 걸어주는 사람이었고, 한 부류는 필자가 "안녕하세요" 해도 거들떠보지도 않고 들릴 듯 말 듯한 소리로 코대답을 하는 사람이었다. 전자의 경우는 관심을 주는 것이 느껴져 호감과 신뢰를 가질 수 있었다. 실수를 엄하게 야단쳐도 '잘되라고 혼내는 거야'라고 생각했다. 후자의 경우는 점점 말을 걸기도 힘들게 되었다. 일을 하면서도 마음이 통한다는 느낌이 없었고 필자의 실수로 주의를 받아도 순순하게 받아들이지 못했다. 인사나 말 걸기는 소홀하게 여기기 쉽지만 '당신을 걱정하고 있어요'라고 상대에게 전하는 중요한 행위임을 꼭 기억하라.

◯ 인정하기는 아이에게 관심을 가지는 것

필자가 중학교에 다녔을 때 사토라는 '유명한 부랑아'가 있었다. 그는 열네 살인데도 담배를 피워 이가 새까맸다. 또 이상하게 수선한 교복도 입었는데 우리 반 아이들은 그 아이가 무서워서 다가가지도 못했다. 이런 사토가 가와지리 선생님을 만나면서 획기적으로 변했다.

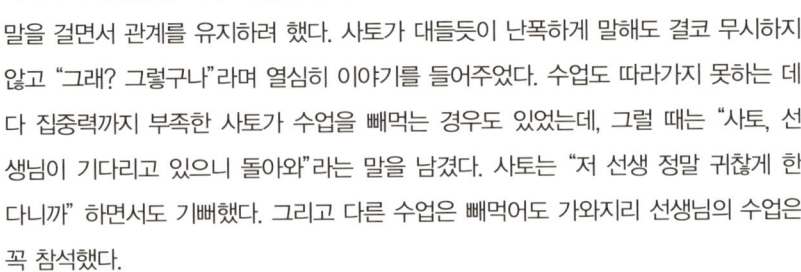

가와지리 선생님은 아주 다양한 방식으로 사토에게 말을 걸면서 관계를 유지하려 했다. 사토가 대들듯이 난폭하게 말해도 결코 무시하지 않고 "그래? 그렇구나"라며 열심히 이야기를 들어주었다. 수업도 따라가지 못하는 데다 집중력까지 부족한 사토가 수업을 빼먹는 경우도 있었는데, 그럴 때는 "사토, 선생님이 기다리고 있으니 돌아와"라는 말을 남겼다. 사토는 "저 선생 정말 귀찮게 한다니까" 하면서도 기뻐했다. 그리고 다른 수업은 빼먹어도 가와지리 선생님의 수업은 꼭 참석했다.

처음에는 사토를 무서워했던 아이들도 점점 사토와 대화를 나누게 되었고 어느 순간 사토는 교실에서 웃음꽃을 피우는 주인공이 되었다. 가와지리 선생님의 관심으로 사토의 장점과 가능성을 끌어낸 것이다.

● 인정하기는 아이를 믿어주고 맡기는 것

자신한테 큰 일이 주어지면 의욕이 솟아 성과를 내는 사람들이 많다. 기업체 강의를 할 때 "가장 의욕이 생겼을 때는 언제였나요?"라고 물으면, "상사가 큰 일을 맡겼을 때" "거래처에서 당신이라면 믿고 맡길 수 있다는 말을 들었을 때" 하는 대답이 많다. 필자 또한 어떤 큰 일을 맡았을 때나 "고무라사키 씨에게 맡겼으니 알아서 해주세요" 하는 말을 들었을 때 의욕이 가장 불타오른다.

물론 아직 엄마의 손길이 필요한 아이한테 무슨 일을 믿고 맡기기란 쉽지 않을 것이다. 그래도 "엄마는 너를 믿고 맡겨" "엄마는 너를 소중히 생각해" 하는 마음을 아이한테 수시로 전하다 보면 어느새 믿음이 생길 것이다.

● 인정하기는 아이를 지켜보는 것

일본의 여배우 구로야나기 데츠코(黑柳 徹子)가 자신의 어린 시절을 회상해서 쓴 유명한 베스트셀러 《창가의 토토(窓ぎわのトットちゃん)》에 나오는 한 장면이다.

어느 날 토토는 실수로 소중히 여기던 지갑을 재래식 화장실에 빠뜨리고 만다. 그러자 토토는 자기 키만큼이나 큰 자루 바가지를 짊어지고 와 재래식 변기에 밀어넣고 오물을 퍼내기 시작했다. 때마침 그곳을 지나던 교장 선생님이 그 광경을 보았는데, 토토에게 "뭐 하니" 하고 묻고는 "나중에 제자리에 갖다 놔?"라는 한마디만 하고 간

다. 토토는 결국 지갑을 찾지는 못했지만 자신이 찾을 만큼 찾아봤다는 것에 미련이 없었다. 교장 선생님으로서는 "토토, 위험하니까 그만둬" 하는 편이 훨씬 편했겠지만, 어린 토토를 믿고 먼발치에서 토토가 하는 모습을 지켜보며 토토가 하고 싶은 대로 하게 내버려둔 것이다. 이는 '인정하기'의 전형적인 예다.

아이를 움직이는
메시지 전달법

이 장에서는 부모가 일관성을 가지고 아이를 효과적으로 변화시키는 의사소통법에 초점을 두었다. 부모의 지혜로운 행동과 판단이 있어야 아이가 잘못을 깨닫고 긍정적인 행동을 할 수 있도록 변화시킬 수 있다. 온갖 좋은 말로 아이를 구슬린다고, 매를 들고 야단을 친다고, 아이가 두려워하는 것으로 협박을 한다고 아이가 달라지는 건 아니다. 아이를 움직이게 하려면 모래 속으로 물이 스며들듯 자연스럽게 부모의 메시지를 전달해야 한다.

PART 04

감사의 마음 전하기
"왜 빨래 안 걷었어?"

당신은 바쁘게 집안일을 하고 있는데, 아이들은 옆에서 나 몰라라 하고 자기 볼일만 보고 있다면? 누구나 아이들한테 짜증스러운 마음이 들어 신경질을 부릴 것이다. 사실 집안일이란 게 나 혼자 하려면 마음만 바쁘지만 옆에서 아이들이나 남편이 조금만 거들어줘도 훨씬 수월하다. 아이들한테 좀 더 쉽게 도움을 받고 감사의 마음을 전하는 방법을 한번 살펴보자.

직장 생활을 하는 마야의 엄마는 직장에서 돌아오면 쉴 틈도 없이 해야 하는 집안일 때문에 아이한테 짜증을 부리게 된다고 한다. 하루는 퇴근 후 집에 돌아왔는데, 초등학교 4학년인 마야가 시킨 일은 하지 않고 컴퓨터 게임만 계속하더라는 것이다. 이런 마야를 움직이게 하려면 어떻게 해야 할까?

아이의 성장을 막는 ~~나쁜 대화~~

엄마 : (밖을 보고) 어머? 왜 빨래 안 걷었어? 맨날 말하잖아! ❶

마야 : 미안…….

엄마 : 몇 번을 말해도 왜 안 되는 거야? ❷

밖으로 나가 빨래를 걷기 시작하는 엄마를 말없이 보는 마야. ❸

엄마 : 빨래 둘 거니까 거기 옷들 좀 치워.

마야 : 그렇게 화내면서 말하지 않아도 할 거야.

엄마 : 할 거면 엄마가 화내기 전에 했어야지.

마야 : 하려고 했는데, 엄마가 먼저 나갔잖아.

엄마 : 엄만 정말 시간이 없어서 힘들단 말이야. 제발 부탁이니까 방해라도 하지 마. ❹

마야, 불만스러운 듯 방에서 나간다.

아이에게 집안일을 돕게 하는 것은 엄마를 도와주는 것이기도 하지만, 가정의 일원으로서 나름대로 자기가 해야 할 일을 분담하는 것이기도 하다. 그리고 다른 사람을 배려해주는 마음을 배움으로써 사회생활을 위한 기본 자세를 익혀가는 것이기도 하다.

그런데 아이에게 집안일을 하라고 시키면서 엄마의 말투나 표현이 어땠나를 한번 생각해보자. 엄마가 '나만 희생하고 있다'는 기분에서 말을 쏟으면 감정적이 되고 아이를 책망하게 된다.❶❷❹ 감정적으로 화를 내거나 위협하면 아이가 자주적으로 집안일을 하고 싶은 마음이 생기지 않는다.

게다가 야단을 치면서 결국 엄마가 일을 해버리면❸ 아이는 '잔소리만 참고 들으면 결국 엄마가 한다'고 믿음을 갖게 된다. 화내지 않고 책망하지 않고 엄마의 마음을 솔직하게 전할 때 아이들은 움직인다.

아이를 두 배로 성장시키는 코칭대화

엄마 : (엄마가 방으로 들어오면서 밖을 보고) 어머? 빨래 안 걷었네?

마야 : 아, 깜빡했다.

엄마 : **게임이 재미있어서 잊어버렸나 보구나. 그런데 이대로 두면 애써 말린 빨래가 축축해지잖아.**❶

마야 : 엄마, 미안.

엄마 : 정말 그렇게 생각해?

마야 : 그럼. 엄마가 맨날 똑같은 말을 하게 하잖아.

엄마 : 엄마를 이해해줘서 고마워.

마야 : 지금 걷을게.

엄마 : **고마워. 덕분에 엄마는 식사 준비할 수 있겠다.**❷ (잠시 후 빨래를 걷어 들어오는 마야를 보고) **우리 마야가 도와줘서 엄마한테 얼마나 도움이 됐는지 몰라.**❸

마야 : 응, 엄마. 앞으로 더 잘할게.

이 코칭대화에서는, 아이가 일을 해놓지 않았다고 엄마가 아이를 감정적으로 책망하는 것이 아니라 게임에 열중한 아이의 상황을 이해한다는 전제하에 얘기한다. 또 빨래가 축축해진다는 사실만 전하고 이후에는 아무 말도 하지 않는다. ❶ 이 정도로만 해도 아이가 어떻게 해야 할지 생각할 여유를 주는 것이다. 그러면 아이는 엄마가 지시하기 전에 시킨 일을 빨리 해야겠다고 생각하게 된다. 엄마는 그 이후에도 아이에게 세세한 지시를 하기보다는 아이를 지켜보는 게 좋다. 그리고 아이가 그 일을 하고 나면 솔직하게 기쁨과 감사의 마음을 전해라. ❷❸ 그러면 아이는 자신이 엄마에게 의지가 되는 존재라고 느끼고 그다음 일도 자주적으로 하게 된다. 이처럼 아이의 마음을 울리는 메시지 전달법이 중요하다.

> **코칭대화 one point**
>
> 아이에게 집안일을 시키는 것은 사회생활을 위한 기초 훈련으로 아주 좋다. 그런데 아이가 엄마가 시킨 일을 하지 않았다면, 감정적으로 대처하기보다 아이에게 "아직 안 했네?" 하는 정도로 다시 한번 인식시키고 여유를 줘라. 아이가 그 일을 하고 나면 감사의 마음을 전해라. 그러면 아이는 자신이 엄마를 위해 뭔가를 했다는 뿌듯한 마음에 더욱 자주적으로 행동하게 된다.

02 아이를 야단치는 메시지
"그러니까 늦게 자고 늦게 일어나잖아!"

게임, 만화, 인터넷……. 요즘엔 아이들의 관심을 쏙 빼간 나머지 아이들의 생활 리듬까지 망가지게 하는 것들이 넘쳐난다. 아이에게 '하지 말아야 할 일'을 가르치고 지나친 행동을 했을 때 야단치는 것은 부모의 중요한 역할이다. 그러나 여러 번 주의를 줘도 같은 행동을 반복하는 아이에게 순간적으로 언성을 높인 경험이 많을 것이다. 아이를 야단칠 때도 방법에 따라 '효과'가 다르다는 사실을 꼭 기억하자.

초등학교 5학년인 아키라는 숙제도 제쳐두고 몇 시간째 만화에 빠져 있다. 아키라의 엄마는 만화 때문에 아키라의 생활이 망가지는 것이 염려돼 몇 번이나 주의를 줬다. 그런데도 아키라의 태도가 바뀌지 않자 엄마는 이런 아키라의 태도를 고쳐보고자 코칭을 의뢰했다. 아키라의 상황을 한번 보자.

아이의 성장을 막는 나쁜 대화

엄마 : (짜증 난 목소리로) 아키라, 몇 번 말해야 알겠니? 옷 갈아입어. 숙제도 있잖아!❶

아키라 : 응. 할 거야.

엄마 : 요즘 잠자기 직전에 허둥지둥하고 있잖아. 그러니까 늦게 자고 아침에도 늦게 일어나게 되잖아!❷

아키라 : 잠깐만. 조금만 읽으면 끝나.

엄마 : 몇 번을 말해야 알겠어. 왜 이렇게 야무지지 못하니?❸

아키라 : 아, 잔소리. 옷 갈아입으면 되잖아.

엄마 : 네가 제대로 안 하니까 그렇잖아. 엄마도 몇 번이고 같은 말 하는 거 싫어.

아키라 : 그럼, 안 하면 되잖아.

엄마 : 말 안 하면 네가 하니?❹ 학교 갔다 오면 먼저 옷 갈아입고 그다음에는 숙제해야지. 1학년들도 잘하는 것을 가지고…….❺ (갑자기 만화책을 뺏어들고) 이제 안 돼! 옷 갈아입고 숙제해.❻

아키라 : (아키라, 화가 나서 방을 나가며) 뭐야, 너무해!

아이가 이런 상태라면 분명 아이를 야단칠 필요는 있다. 그렇다고 엄마가 일방적으로 아이를 책망하거나 아이의 존재를 부정하는 말투를 쓰면❶~❺ 아이는 상처를 입고 반감만 가질 뿐이다. 또 ❻와 같이 강제적으로 아이의 행동을 바꾸려고 하면 아이는 엄마를 속여서라도 자신이 하고 싶은 일을 하려고 할 것이다. 사람은 자기 스스로 '달라져야지. 달라져야 해'라고 생각할 때 비로소 달라질 수 있다. 아이의 마음을 확실하게 움직이는 메시지를 전해보자.

아이를 두 배로 성장시키는 코칭대화

엄마 : 아키라, 학교 갔다 와서 30분씩이나 만화책을 읽고 있네.❶

아키라 : 죄송, 이제 금방 끝나.

엄마 : (진지한 표정으로 아키라를 마주보고 말한다) 만화책이 재미있으니까 열중하게 되는 건 알아. 하지만 요즘 너무 많이 읽어서 숙제하는 게 늦어지잖아.❷ 엄마는 네가 생활 리듬이 깨져서 잠이 부족해지거나 건강을 해칠까봐 걱정이 돼.❸

아키라 : 알았어.

엄마 : 엄마는 매일 이런 상태가 계속되니까 안타까워.❹ 어떻게 하면 좋을까?❺

아키라 : 만화책 읽는 시간을 정하면 좋을 것 같아.

엄마 : 그게 좋겠네. 어떻게 정할까?❻

아키라 : 집에 오면 옷부터 갈아입고 숙제하고 저녁 먹기 전까지 만화책 보는 건 괜찮지?

엄마 : 좋아. 그럼 만화책은 저녁 식사 전까지 읽는 걸로 하면 되겠어? ❼
아키라 : 응. 그럴게.
엄마 : 엄마랑 한 약속이니까 꼭 지켜야 돼. 너한테 맡길 테니까. ❽
아키라 : 응.

  아이가 어떤 잘못된 행위를 하고 있을 때는 위 대화에서처럼 아이가 그 행위를 얼마 동안 계속하고 있다는 '사실'을 침착하게 전해야 한다. ❶ 그리고 아이의 기분을 공감하며 ❷ 아이가 엄마 말을 잘 받아들일 수 있는 상태로 만들어라. 더욱이 아이를 책망하기보다 "나는 네가 이래서 슬퍼" "엄마는 네가 걱정돼"와 같은 '나는' 화법, 즉 'I메시지'(자세한 것은 186쪽 참조)로 자신의 기분을 전하고 ❸❹ 아이에게 해결책을 물어보아라. ❺ 그래서 아이가 아이디어를 생각해내면 엄마는 그것을 인정하고 질문으로 구체화시켜라. ❻ 또 아이가 '하겠다'고 한 것을 다시 한번 확인시켜 그것을 지키도록 하는 것도 중요하다. ❼ 뿐만 아니라 아이를 신뢰하는 메시지를 전해 아이의 자발성이나 책임감을 끌어내라. ❽ 이처럼 엄마가 감정에 휘둘리지 않고 평온한 상태에서 아이와 대화를 나누는 게 아이를 움직이는 큰 비결이다.

> ### 코칭대화 one point
> 아이를 야단칠 때 아이의 반감을 사지 않게 하려면 'I메시지' 화법을 쓰면서 자신의 기분을 전하라. 그러면 엄마가 감정적이지 않기 때문에 아이의 마음을 움직여 아이가 자신의 행동을 되돌아보고 해결책을 찾게 된다.

03 화내지 않고 야단치기
"아빠한테 말버릇이 그게 뭐야!"

여자 아이는 커가면서 아빠와 거리를 두는 경우가 있다. 지금까지는 얼굴을 부벼대도 아무렇지도 않던 아이가 갑자기 서먹하게 굴면 아빠들은 당황할 텐데, 이는 아빠가 싫어서 그런 것이 아니라 아빠를 한 남자로 인식하고 어찌할 줄 몰라하는 것이다. 성장의 한 과정이라고 할 수 있다. 이럴 때 세심한 대응법은? 아이가 그런다고 아빠가 너무 섭섭해하거나 정색해서 야단치면 아이가 더 당황스러워하니 조심하자.

초등학교 5학년 린카의 아빠는 요즘 딸아이가 아빠를 피하고 대화도 별로 안 해 고민을 하고 있다. 얼마 전 휴일 아침에는 거실에서 쉬고 있는데, 린카가 뛰어 들어오며 아래의 상황이 펼쳐졌다고 한다.

아이의 성장을 막는 나쁜 대화

린카 : (화를 내며) 아빠, 정말!

아빠 : 왜 그래……. 왜 큰 소리야! ❶

린카 : 이거 내 빗이잖아. 아빠 맘대로 썼지?

아빠 : 어, 썼긴 썼는데…… 네 거였어?

린카 : 쓰지 마! 더럽게…….

아빠 : (화를 내며) 더럽다니, 다시 한번 말해봐. ❷

린카 : 내가 좋아하는 빗인데 이제 못 쓰게 됐잖아.

아빠 : 무슨 소리 하는 거야? 아빠가 더러워?

린카 : 아빠 맘대로 쓰지 말라고.

아빠 : **아빠한테 말버릇이 그게 뭐야! 빗도 옷도 다 아빠 돈으로 사준 거잖아. 혼자서는 아무것도 못하는 게 버릇없이!** ❸

린카 : 어쩜 그렇게 말해? 아빠, 정말 싫어!

아이가 반항적이고 도리에 어긋난 행동을 할 때, 부모의 대응은 크게 두 가지로 나뉜다. 아이의 태도에 상처받으면서도 참고 비위를 맞추는 타입과 정면 대립을 하는 타입이다. 전자의 경우는, 아이의 태도가 점점 더 심해질 뿐만 아니라 다른 사람에게 상처주는 것도 가볍게 여길 수 있다.

아이에게 '남에게 상처주는 것은 옳지 않다'고 가르치는 것은 아주 중요하고 때에 따라서는 아이를 진지하게 야단칠 필요도 있다. 그렇지만 앞의 대화에서처럼 서로 감정을 터뜨려서는 진심을 전하기 어렵다.❶❷ 또한 부모라는 입장을 내세워 아이를 말로 이기려고 하는 것도 아이의 반발을 살 뿐이다.❸

아이를 두 배로 성장시키는 코칭대화

린카 : (화를 내며) 아빠, 정말!

아빠 : 뭐가?

린카 : 이거 내 빗이잖아. 아빠 맘대로 썼지?

아빠 : 어, 썼긴 썼는데…… 네 거였어?

린카 : 쓰지 마! 더럽게…….

아빠 : (잠깐 말없이 있다가) 더러워? 더럽다고 생각하는 거야?❶ 아빠는 린카가 그렇게 말하니까 정말 슬프다.❷

린카 : 아빠 헤어 젤이 묻는 게 싫단 말야.

아빠 : 그래? 맘대로 쓴 건 미안해.

린카 : …….

아빠 : 아빠가 얘기 좀 해도 돼?

린카 : 뭐?

아빠 : "더럽다"는 말에 아빠는 굉장히 상처받았어.❸ 린카가 다른 사람 기분을 소중하게 여기는 사람이 됐으면 좋겠어.❹ 그런 말은 이제 안 썼으면 좋겠는데.❺

린카 : 알았어……. 미안 아빠. 하지만 내 빗 맘대로 쓰지 마.

아빠 : 아빠도 알았다.

　아이가 다소 불손하게 말을 하더라도 바로 대응하지 않고 위의 대화에서처럼 감정을 누르는 게 첫 번째 할 일이다. 그다음 침착하게 아이의 말을 반복하면서 아이에게 스스로 한 말을 확인시켜라.❶ 또 'I메시지'로 자신의 슬픔을 아이에게 솔직히 전달하라.❷❸ 그러면 아이가 "너의 태도는 잘못됐어!"라는 말을 듣는 것보다 더 절실하게 자신의 실수를 깨달을 수 있다. 그리고 아이를 비난하는 대신 부모 입장에서 아이가 어떻게 되었으면 좋겠는지 의사를 분명히 전달해보라.❹❺

　아이를 야단치는 목적은 아이의 성장을 위해서다. 그러므로 반드시 침착한 사고와 판단이 필요하다. 그런데 화를 내는 것은 자신의 감정을 자제하지 못하고, 기분 내키는 대로 행동하는 것이므로 당연히 부모의 본심을 전하기 어렵다. '네가 소중해'라는 마음을 담아서 야단쳐야 한다.

> **코칭대화 one point**
>
> 아이가 엄마, 아빠에게 불손한 말투를 쓰거나 반항한다면 아이를 야단치고 싶은 마음 굴뚝같겠지만, 화를 잠시 누그러뜨리고 'I메시지'로 그 말을 들었을 때 얼마나 슬펐는지를 전한다. 이 전달법은 "네 태도는 나빠, 잘못 됐어!" 하는 것보다 훨씬 위력이 있다.

부모도 아이도 행복한 전달법
"애들아, 제발 좀 조용히 해!"

아이한테 부탁을 했는데 아이가 들은 척 만 척하고 계속 자기 할 일만 계속한다면? 혹시 "이렇게 해" 하고 지시하거나 강요하는 어투를 사용하지는 않았는지 짚어볼 필요가 있다. 그런 강압적인 말투는 아이들이 하고 싶다가도 하기 싫은 마음이 들게 한다. 이건 아이들뿐 아니라 어른들도 마찬가지 심리다. 아이에게 부탁할 때의 요령을 한번 보자.

어느 날 거실에서 엄마가 몸이 좋지 않아 쉬고 있는데, 초등학교 3학년인 형 고이치와 초등학교 1학년인 남동생 고지가 게임을 하고 있었다. 아이들 목소리가 점점 커지기에 엄마가 주의를 줬는데도 소용이 없어 엄마는 두 아이를 향해 결국 소리를 질렀다. 이럴 때, 소리를 지르는 방법 말고 더 좋은 방법은 없을까?

아이의 성장을 막는 ~~나쁜 대화~~

고이치 : (게임기 화면을 보고) 와, 굉장해! 봐봐!

고지 : 정말! 나도 해볼게!

엄마 : 애들아, 목소리가 좀 크지 않니?

잠깐 조용해지다가 금방 또 떠들기 시작하는 형제.

엄마 : (짜증 난 목소리로) 애들아, 제발 좀 조용히 해줄래? ❶

고이치 : 작게 얘기하고 있잖아.

엄마 : 엄마가 몸이 안 좋아서 그러니까 저쪽에 가서 놀아. ❷

고이치 : 조용히 하고 있으니까 괜찮잖아.

엄마 : 왜 엄마 말을 안 들어. 저쪽에 가라고 부탁하잖니! ❸

고이치 : 알았어. 가면 되잖아.

고지 : 엄마 너무해!

혹여 아이가 지금 무엇을 하고 있는지는 고려하지 않고 아이에게 자신의 요구만 전하고 있지는 않은가? 더욱이 감정적으로 아이의 기를 꺾어 말을 듣게 하려고 하지는 않는가? ❶~❸ 이처럼 엄마가 일방적이고 강압적으로 아이들의 행동을 제지하면 아이들에겐 불만만 쌓인다. 이때는 아이들이 일방적으로 엄마의 말을 들어야 하는 것이 아닌 아이들도 납득할 만한 이유를 내세워야 한다.

아이를 두 배로 성장시키는 코칭대화

고이치 : (게임기 화면을 보고) 와, 굉장해! 봐봐!

고지 : 정말! 나도 해볼게!

엄마 : 얘들아, 둘 다 재미있게 놀고 있는데 미안하지만, 엄마 얘기 좀 들어줄래? ❶

고이치 : 뭔데?

엄마 : 엄마가 오늘 몸이 안 좋아서 쉬고 싶은데❷, 둘이서 큰 소리로 얘기하면 잠을 잘 수가 없거든. ❸

고이치, 고지 : (게임하던 손을 멈춘다) …….

엄마 : 그런데 너희들도 게임하고 싶지? 어떻게 하는 게 좋을까? ❹

고지 : 다른 방에 가서 할게.

고이치 : 엄마는 여기서 자고 있어.

엄마 : 고마워. 덕분에 푹 쉴 수 있겠다. ❺

고지 : 엄마, 잘 쉬어.

아이에게 무언가를 부탁할 때는 아무리 엄마라도 아이의 기분을 살피면서 이야기를 끌어가야 한다. ❶ 그다음, 지금 엄마가 몸이 아프다거나 일을 해야 한다거나 하는 자신을 상황을 얘기하라. ❷ 위 대화의 "큰 소리로 얘기하면 잠을 잘 수가 없거든"처럼, 지금 아이가 하고 있는 행동이 엄마한테 어떤 영향을 끼치고 있는지 말하는 것도 좋다. ❸ 위 코칭대화의 포인트는 엄마가 감정적이지 않다는 것이다. 더욱이 엄마는 아이들의 기분을 살피면서도 어떻게 하면 좋을지 아이들로 하여금 생각하게 만들고 있다. 그러면 아이들은 스스로 보다 좋은 아이디어를 생각해 내고 알아서 행동하게 된다. 엄마는 그에 대한 감사의 마음을 'I메시지'로 확실하게 전달하라. 그리고 "너희가 하고 싶은 것을 들을게. 너희도 엄마가 하는 말을 들어줘" 하는 식으로 아이와 동등한 입장에서 이야기하는 것임을 느끼게 하라. ❹ 그런 과정에서 아이들은 자신과 상대가 모두 행복해지는 방법을 배워나가는데 이것이 커뮤니케이션의 본질이다. 또 아이가 엄마 말을 들어줬을 때, 고마워하는 마음을 전하면 아이는 뿌듯함을 느낄 것이다. ❺

코칭대화 one point

아이들이 엄마의 부탁을 들어주지 않는다고 강압적인 말투를 쓰면 아이가 하고 싶다가도 하게 싫게 된다. 이때는 '너희가 엄마 말을 들어주면 엄마도 너희 말을 들어줄게' 하는 식의 화법을 써라. 엄마와 아이가 대등한 관계에서 커뮤니케이션을 한다는 기분이 들게 만들어, 그 과정에서 아이도 커뮤니케이션의 본질을 익혀나간다.

 아이를 알고 관계하기
"할아버지랑 둘이서 가기 싫어?"

내 아이를 다른 형제나 이웃집 아이와 비교해서 평가한 적은 없는가? "큰애는 얌전했는데 작은애는 왜 이럴지?" "우리 아이는 왜 동네 사람들을 만나도 인사를 안 할까?" 등등. 그러나 어른들에게 개성이 있는 것처럼 아이들도 자신만의 개성을 지니고 있다. 내 아이라고 해서 함부로 속단하고 행동하지 않도록 조심하자. 아이의 개성을 잘 키워주면 그것이 훌륭한 씨앗이 되어 거대한 나무가 될 수도 있다.

어느 일요일 오후, 세 살 난 남자 아이 츠요시의 엄마는 큰아들 다케시와 아빠가 외출해 집에 둘이서 있었다고 한다. 그때 근처에 사는 츠요시의 할아버지가 오셔서 츠요시를 데리고 어디를 가려고 하는데 아이가 따라나서지를 않더라는 것이다. 츠요시의 엄마는 이런 츠요시가 너무 내성적인 건 아닌지 염려스러워 코칭을 의뢰했다.

아이의 성장을 막는 나쁜 대화

할아버지 : (츠요시를 향해 말을 건다) 츠요시, 할아버지랑 놀러 가자.

츠요시 : (불안한 듯한 표정으로) 멀리 갈 거야? ❶

할아버지 : 글쎄, 저녁 시간 전까지는 돌아올 거야. 아니면 할아버지랑 밖에서 먹고 올까?

츠요시 : 엄마는 안 가? ❷

할아버지 : (섭섭한 듯) 할아버지랑 둘이서 가기 싫어? 괜찮아, 가자. ❸

츠요시 : ······.

할아버지 : (엄마에게 말한다) 다케시는 '놀러 가자! 어디 갈 것인지는 비밀이야' 라고 하면 좋아서 따라나섰는데, 츠요시는 아직 엄마랑 못 떨어지는구나.

엄마 : 아버님, 츠요시가 아직 어린가봐요.

같은 부모를 가진 형제자매라 해도 육체적, 정서적, 지적 능력이 같을 수는 없다. 따라서 동일한 기준과 방법으로 아이들을 평가하거나 가르쳐서는 안 된다. 어떤 세미나에 참석한다고 할 때 사전에 프로그램을 보지 않아도 불안해하지 않는 사람이 있는가 하면 사전에 파악하지 않으면 불안해하는 사람도 있다. 위의 예에서 장남 다케시는 전자, 츠요시는 완벽히 후자다. 츠요시는 어디로 나갈 것인지, 누구랑 무엇을 한 것인지 모르면 불안해서 아무 데도 가지 못한다.❶❷ 그런데 츠요시의 기분을 이해하지 못한 할아버지는 억지로 계속 권유하고 있다.❸ 이럴 때 코칭을 배우고 있는 엄마라면 할아버지에게 어떤 조언을 해야 될까?

아이를 두 배로 성장시키는 코칭대화

앞의 대화와 이어진다. 엄마가 할아버지에게 말을 건다.

엄마 : 아버님, 애는 정보가 적으면 불안해해요.❶

할아버지 : 아, 그래…….

잠시 생각한 후, 할아버지가 츠요시에게 말을 건다.

할아버지 : 있지, 우선 지하철 타고 ○○역에 가자. 거기서 △△선으로 갈아 타서…… 그곳에는 공원이 있어…….❷

츠요시의 표정이 점점 밝아진다.

할아버지 : 공원에서 논 다음 지하철 타고 집에 올 거야. 어때?❸

츠요시 : (얼굴 한가득 미소로) 할아버지, 나 갈래 갈래!

할아버지 : 그래? 가자!

츠요시 : 엄마, 내 배낭 꺼내줘!

　위의 코칭대화에서는 츠요시의 엄마에게 "츠요시는 정보가 적으면 불안해한다"는 특징을 들은❶ 할아버지가 어디 갈 것인지, 뭘 타고 갈 것인지 구체적으로 설명하고 있다.❷❸ 그러자 츠요시도 안심하고 스스로 할아버지를 따라나선다. 내 아이는 어떨 때 불안해하고 어떻게 대했을 때 엄마 말을 순순히 잘 따르는지 잘 생각해보자. 아이의 개성이나 타입에 맞춰 아이들을 대하면 아이의 자발성, 의욕, 실천을 이끌어내기 훨씬 쉽다.

표현이 풍부해서 생각한 것을 바로 말하는 아이가 있는가 하면 표정을 드러내지 않는 아이도 있다. 다른 사람에게 주목받고 질문받는 것을 좋아하는 아이가 있는가 하면, 자신을 억제하고 주위와 어울리는 것을 싫어하는 아이도 있다. 그리고 부모 자식 간에도 우리가 흔히 말하는 '궁합'이 있다. 그렇다고 엄마의 사랑이 더 가고 덜 간다는 것은 아니다. 친구도 자연스레 마음이 맞는 사람끼리 사귀게 되는 것처럼, 엄마도 무심코 마음이 맞는 아이와 더 많은 얘기를 하고 있는 것은 아닌지? 아이의 성격이나 사고방식을 자연스레 알게 되고 다루기 쉬운 아이를 착한 아이라고 생각하지는 않는지? 그리고 자신이 생각한 대로 되지 않는 아이를 엄격하게 대하고 있는 것은 아닌지? 아이들 각자의 차이를 인정하고 따뜻하게 지켜볼 수 있는 여유를 가져야 한다.

코칭대화 one point

같은 형제자매라도 아이들과 소통하는 방식은 각자 다르고 분명 부모와 궁합이 더 잘맞는 자식이 있기 마련이다. 자신의 방식이 잘 통하지 않는다고 아이한테 불평을 늘어놓기보다 아이가 지닌 고유의 개성과 차이를 빨리 숙지하는 게 좋다.

06 아이를 기운 나게 하는 메시지
"이거 괜히 샀나?"

항상 밝고 긍정적인 말을 쓰는 사람이 있는가 하면 조그만 일에도 부정적인 생각과 부정적인 말을 하는 사람이 있다. 당신이 무의식적으로 하는 말에 당신의 '사고방식'이나 '사는 방식'이 묻어나고 아이는 그런 엄마의 영향을 받기 마련이다. 아이는 엄마의 어떤 커뮤니케이션에 영향을 받고 있을까? 아이는 항상 엄마의 작은 감시자라는 것을 잊지 말자.

초등학교 2학년인 마린과 엄마는 휴일에 쇼핑을 했다. 쇼핑을 한 뒤 딸아이는 기분이 좋아 이런저런 말을 했는데, 마린의 엄마는 자신이 아이의 이야기를 잘 받아주질 못했다고 책망을 했다. 어떤 상황이었을까?

아이의 성장을 막는 나쁜 대화

마린 : 오늘 재미있었어.

엄마 : 엄마는 피곤하다. ❶

마린 : 사고 싶은 것 많이 샀잖아?

엄마 : 그런데 그만큼 돈을 많이 써버렸어. ❷

마린 : 엄마, 아까 그 원피스 잘 어울렸어.

엄마 : 안 사도 별로 상관없었는데……. 다른 가게도 한번 가보는 게 좋았을 걸 그랬어. ❸

마린 : 점심 맛있었어! 그 우동집 또 가고 싶다.

엄마 : 그래? 가게 주인이 불친절했잖아. ❹

마린 : 그런가?

분명히 같은 시간을 보내고 같은 체험을 한 엄마와 딸인데 두 사람이 체험담을 나누는 방식은 많이 다르다. 엄마는 딸의 밝은 기분이나 긍정적인 말을 받아들이지 못하고 모두 부정적이고 비판적인 말만 늘어놓았다. 자신이 하는 말마다 엄마가 반론을 하자 딸은 마지막에는 말을 잇지 못하고 만다. ❶~❹ 딸은 매사를 좋게 보는 데 반해 엄마는 '잘 안 된 것'이나 '저질러버린 일'에 집착한 것이다.

매사에 부정적인 사고를 하는 사람은 인생에서 이득보다는 손해를 많이 본다. 그리고 무엇보다 그러한 사고방식은 상대방에게도 좋은 영향을 끼치지 않다. 하물며 내가 매일같이 호흡하는 아이에게는 오죽하겠는가? 다음 코칭대화를 잘 보며 당신은 긍정적인 말을 많이 하는 엄마인지, 부정적인 말을 많이 하는 엄마인지 한번 생각해보자.

아이를 두 배로 성장시키는 코칭대화

마린 : 오늘 재미있었어.

엄마 : 재미있었지!❶

마린 : 이것저것 많이 샀어. 뿌듯해.

엄마 : 사고 싶었던 것을 살 수 있어서 다행이야.❷

마린 : 엄마, 아까 그 원피스 잘 어울렸어.

엄마 : 고마워. 네가 예쁘다고 해서 망설이지 않고 산 거야. 사고 싶을 때 사길 잘했어. 나중에 사려고 하면 다 팔리고 없을 수도 있으니까.❸

마린 : 맞아. 점심도 맛있었어! 그 우동집 또 가고 싶다.

엄마 : 그래? 마린이 좋아하니까 엄마도 기분 좋네. 우리 나중에 또 가자.❹

마린 : 응!

모든 일에는 반드시 두 가지 측면이 있다. 부정적인 측면을 보는 것이 반드시 나쁜 것은 아니지만 지나치면 의욕이나 자신감을 떨어뜨린다. 사소한 일상에서부터 자신이나 주위 사람들에게 기운을 북돋우는 말을 해보자. 위 코칭대화에서도 엄마가 아이의 즐거운 기분을 받아들이면서 대답을 하니까❶~❹ 두 사람의 대화가 즐겁게 이어지는 것이다.

    커뮤니케이션은 전염된다. 이 강한 전염력은 아이의 말버릇, 행동, 살아가는 방식에까지 영향을 미친다. 말을 바꾸면 행동이 바뀐다. 그리고 그 행동이 내 인생과 아이의 인생을 바꾸어간다는 것을 꼭 명심하자.

> **코칭대화 one point**
>
> 아이는 자신과 가장 밀착된 엄마의 사고방식과 살아가는 방식에 영향을 받기 마련이다. 엄마가 매사에 부정적이면 아이의 의욕과 자신감을 떨어뜨리므로 이왕이면 매사를 긍정적으로 보고 말하도록 노력하라.

사회의 룰, 규범 전달하기
"갖고 싶으면 갖고 싶다고 얘길 해야지!"

세 살 버릇은 여든까지 가는 법이다. 사회규범을 지켜야 하는 것이나 세상살이에 필요한 매너나 상식, 바람직한 생활태도 등은 어릴 때 심어줘야 한다. 내 아이가 가게에 들어가 몰래 물건을 집어왔다면? 엄마는 많이 당황스럽겠지만, 옳고 그런 것에 대한 가치판단이 흐린 아이가 저지른 행동이므로 너무 흥분하지 말고 차분하게 대처하자.

유치원에 다니는 여자 아이 사키의 엄마는 어느 날 아이와 함께 슈퍼를 다녀왔는데 아이 손에 새 장난감이 들려 있는 걸 발견했다. 당황한 엄마는 아이에게 물건을 훔치는 게 나쁘다는 것을 말해주려고 하는데, 어떤 식으로 얘기하면 제일 효과적일지 물어왔다.

아이의 성장을 막는 나쁜 대화

엄마 : 어머, 그거 뭐야?

사키 : 누가 줬어.

엄마 : 줬다고? 누가 줬는데? 그냥 들고 나왔니? ❶

사키 : …….

엄마 : 사키! 왜 그랬어? 가게에 있는 물건 맘대로 들고 오면 안 된다고 했잖아. 그런데 왜 말을 안 듣는 거야. ❷

사키 : 이거 너무 갖고 싶었단 말이야.

엄마 : 갖고 싶다고 말도 없이 갖고 나오면 어떡해. 왜 하지 말라는 걸 하는 거야? 갖고 싶으면 갖고 싶다고 얘길해야지! ❸ 경찰 아저씨한테 잡아가라고 해야겠다. ❹

사키 : (운다) 싫어.

엄마 : 가게에 돌려주러 가. 잘못했다고도 똑똑히 말씀드리고.

아이가 이런 행동을 하면 엄마들은 쇼크를 받아 대부분 감정적으로 아이를 책망할 것이다. ❶~❸ 아이는 엄마가 "왜 그랬어"라고 추궁하면 변명을 늘어놓는다. 그리고 왜 안 되는지를 알려주지 않고 벌을 주는 형태로 아이의 행동을 고치려 할 것이다. ❹ 이런 방법은 '엄마에게 혼났다'는 충격과 공포심만 강하게 남길 뿐이다. 아이에게 사회에서 '지켜야 할 룰'이 있다는 것을 가르쳐라.

아이를 두 배로 성장시키는 코칭대화

엄마 : 어머, 그거 뭐야?

사키 : 누가 줬어.

엄마 : 줬다고? 가게 주인이 줬다는 거야? ❶ 엄마는 사키의 눈을 보고 천천히 말한다. ❷ 사키는 가게 물건 그냥 들고 나오면 안 되는 거 잘 알고 있지?

사키 : 응.

엄마 : 그런데 왜 아무 말 없이 들고 나왔어?

사키 : 너무 갖고 싶어서······.

엄마 : 만약 사키가 소중하게 여기는 장난감을 누군가가 갖고 싶어서 말없이 가져가버리면 기분이 어떨 것 같아? ❸

사키 : 기분 나쁠 것 같아.

엄마 : 그렇지. 나쁘겠지. 가게 주인도 누가 말없이 장난감을 들고 가면 기분 나쁠 거야. 절대로 하면 안 되는 일이야. ❹ 엄마, 너무 슬프다. ❺

사키 : 미안해.

엄마 : 앞으로 절대로 하지 않겠다고 약속할 수 있겠어?

사키 : 응.

엄마 : 알았어. 그럼 갖고 싶은 장난감이 있으면 다음엔 어떻게 할 거야? ❻

사키 : 엄마한테 말할 거야.

엄마 : 그래. "이거 갖고 싶어"라고 엄마한테 꼭 말해. 그러면 엄마가 어떻게 할지 생각해볼게.❼

사키 : 응.

엄마 : (단호하게) 약속이야. 그럼 이제 엄마랑 같이 가서 돌려드리고 죄송하다고 말하자.❽

　이럴 때일수록 엄마가 자신의 감정을 억제하면서 아이의 기분을 배려하여 이야기하면❶❷, 아이는 자신이 한 행위를 스스로 돌아보게 되는 여유를 가진다. 그러면 엄마는 아이가 한 행동이 '어떤 의미인지'를 이해시키는 질문을 해서❸ '해서는 안 될 일이다'라고 확실하게 전달하라.❹ 일방적으로 소리를 지르거나 야단치는 것이 아니라 자신의 기분을 전달함으로써 아이가 반성할 수 있도록 이끌어라.❺ 엄마가 슬퍼하는 모습은 아이의 마음을 강하게 움직인다. 또한 엄마는 아이가 '잘못했다'고 한다고 그 말만 듣고 문제를 방치할 게 아니라 아이 스스로 '앞으로 어떻게 할지'를 생각하게 하라.❻ 앞으로 절대 안 그러겠다는 아이의 다짐도 받고❼ 자신의 행위에 책임지라고 다시 한번 말하라.❽ 그래야 아이가 자신이 한 행동을 이해하고 잘못을 뉘우칠 수 있다.

> **코칭대화 one point**
>
> 아이가 사회규범에 어긋나는 행동을 했을 때는 "왜 그랬어" 하고 추궁하면 아이는 변명만 생각한다. 그때는 아이가 한 행동이 왜 안 되고 어떤 의미인지 설명하라. 그래야 아이가 자신의 행동을 반성하게 된다.

08 약속의 중요성 가르치기
"오늘은 안 산다고 약속했잖아!"

아이들은 상황이나 장소가 바뀌면, 엄마와 했던 약속은 까맣게 잊어버리고 자신이 원하는 것을 들어달라고 조르거나 떼를 쓰기도 한다. 아이를 키우다 보면 비일비재하게 겪는 일이다. 이럴 때 당신이라면 어떻게 대응하는가? 특히 사람들이 많은 곳에서 아이가 떼를 쓰면 속수무책으로 아이가 원하는 것을 들어주기 십상이다. 이런 경우 대처하는 요령을 한번 살펴보자.

초등학교 1학년 여자 아이 아오이의 엄마는 딸아이가 쇼핑을 갈 때마다 무엇을 사달라고 떼를 써서 고민이었다. 하루는 딸아이를 데리고 백화점에 갔는데 '아무것도 사지 않겠다'고 한 엄마와의 약속을 무시하고 인형 매장 앞에서 인형을 사달라고 졸랐다고 한다.

아이의 성장을 막는 ~~나쁜 대화~~

엄마 : 뭐 해? 빨리 이리 와.

아오이 : 싫어, 엄마……. 이거 전부터 갖고 싶었던 인형이야. 사줘.

엄마 : 안 돼. 오늘은 아무것도 안 산다고 약속했잖아!

아오이 : 정말 오늘만이야. 앞으로는 절대 안 그럴게.

엄마 : 그 약속은 이미 했잖아. 아까 엄마랑 약속했지?

아오이 : 정말 이번만, 응?

엄마 : 계속 떼 쓸 거야?

아오이 : 엄마, 사줘! 사줘!

엄마 : 안 된다면 안 되는 줄 알아. 적당히 해라 좀.

아오이 : 다른 건 다 필요 없어. 사줘!

엄마 : 큰 소리 내지 마. 다 쳐다보잖아. …… 어떤 게 갖고 싶은데? ❶

아오이 : 이거.

엄마 : 여기 싼 거 고르면 사줄게. ❷

아오이 : 그럼, 이거 사줘.

엄마 : 진짜 말 안 듣는다니까. 오늘만이야. ❸

아오이 : 응.

아이한테 약속을 지켜야 한다고 가르치는 것은 중요한 일이다. 이다음에 사회생활을 할 때도 약속을 지키는 것은 굉장히 중요한 일이므로 어려서부터 약속을 지키는 습관을 길러야 한다.

위 대화에서 엄마는 주위의 시선이나 끈질기게 조르는 아이한테 져, 사전에 아이와 했던 약속을 스스로 깨버리고 말았다.❶~❸ 엄마가 이렇게 나오면 아이는 '엄마는 조르면 들어주는구나' 라고 인식하게 된다. 엄마를 졸라서 제 요구를 충족시킨 적이 있는 아이는 '약속'의 의미를 가볍게 생각한다. 그런 아이가 사회에 나가 어떻게 행동할지는 짐작이 되지 않은가?

아이를 두 배로 성장시키는 코칭대화

엄마 : 뭐 해? 빨리 이리 와.

아오이 : 싫어, 엄마……. 이거 전부터 갖고 싶었던 인형이야. 사줘.

엄마 : 계속 갖고 싶었구나.❶

아오이 : 엄마, 사줘! 사줘!

엄마 : 진짜 예쁘다.❷ 그런데 엄마랑 오늘 무슨 약속했더라?❸

아오이 : 오늘은 안 산다고…….

엄마 : 그렇지. 요전에 사줬으니까 오늘은 안 산다고 확실히 약속했지?❹

아오이 : 그래도 갖고 싶어졌단 말이야. 엄마, 사줘!

엄마 : 갖고 싶어졌구나.❺ (단호한 어조로) 그래도 약속했으니까 오늘은 못 사.❻

아오이 : 다른 건 다 필요 없어. 사줘!

엄마 : 안 돼! 엄마는 이제 갈 거야. 너 같이 갈래, 여기 있을래?❼

엄마는 걷기 시작한다.

아오이 : ……. (말없이 엄마의 뒤를 쫓아간다.)

아이가 엄마랑 한 약속을 어기고 자신의 요구를 들어달라고 떼를 쓸 때는, 아이의 요구를 처음부터 부정하기보다 아이의 말을 반복하면서 아이에게 '왜 그것을 갖고 싶은지' '왜 그것을 하고 싶은지' 이유를 물어보라.❶ ❷❺ 자신의 마음을 무시당하지 않은 아이는 엄마의 말을 받아들일 준비가 된다. 그때 엄마는 계속해서 아이에게 약속을 한 사실을 확인시켜라.❸ ❹ 그리고 아이의 끈질긴 태도에 휘둘리지 않고 '약속은 지켜야 한다' 는 것을 단호한 말과 태도로 전하라.❻❼ 엄마의 완강한 태도가 변하지 않을 것이라고 느껴야 아이는 포기하게 된다. 또 자신이 말한 것을 지켜야 한다는 일관된 엄마의 자세에서 아이는 '약속 지키기' 라는 사회의 룰을 배우게 되는 것이다.

> **코칭대화 one point**
>
> 아이에게 약속을 지키는 습관을 가르치는 것은 매우 중요하다. 아이가 약속을 했는데도 자신의 요구를 들어달라고 떼를 쓸 때, 주변 사람들의 시선이 두려워 아이의 요구를 들어주면 아이가 약속을 가볍게 여기게 된다. 그때는 '왜 그러고 싶은지' 우선 아이의 마음을 물어보고 '약속은 지켜야 한다' 는 완강한 태도를 고수하라. 자신의 마음을 거부당하지 않은 아이는 엄마 말을 따르고 약속은 지켜야 한다는 사회의 룰도 배우게 된다.

코칭대화 메시지 전달법 기초 스킬

○ 'I메시지'와 'You메시지' 전달법

엄마가 아이한테 전하고 싶은 말이 있어도 그것을 어떻게 전하는가에 따라 아이가 쉽게 받아들이기도 하고 못 받아들이기도 한다. 아이의 존재를 인정하는 메시지 전달법에는 크게 두 종류가 있다.

하나는 '너는 ……구나'라며 인정하는 'You(너)'가 주어인 'You메시지' 전달법이다. 이를 테면, 아이가 원하는 목표를 달성했을 때 "(너) 분발했구나! (너는) 잘했구나!"라고 전하는 화법이다. 다른 하나는 "(나는) 네 덕분이야. 너의 도움이 컸어"처럼 'I(나)'가 주어인 'I메시지' 전달법이다. 같은 기분을 전달할 때도 "○○는 엄마를 잘 도와주는구나"라고 말하면 'You메시지' 법이 되고, "엄마는 ○○가 도와줘서 너무 편해"라고 말하면 'I메시지' 전달법이 된다. 간단히 말하면 "너는 노력하고 있다"는 전달법과 "나는 네가 열심히 하고 있다고 생각한다"는 전달법의 차이다.

그런데 사람들은 'You메시지' 전달법을 훨씬 많이 쓴다. 학부모 코칭 클래스의 참가자끼리 짝을 지어 "상대의 멋있어 보이는 점을 상대에게 전해주세요"라고 하면, 대부분 "목소리가 좋으시네요" "활기차 보이시네요" "여러 가지 일에 도전하시니 굉장하시네요" "눈이 예쁘시네요" 같은 말을 한다. 즉 '당신은'이라는 전달법이다. 아무래도 우리는 평소에 '나는'이라는 자신을 주어로 하는 말투를 쓰는 것을 어색해한다. 물론, 어떤 전달법이 좋다 나쁘다고는 할 수 없다. 하지만 한 가지 주의해야 할 것은 '너는'이라고 들었을 때는 받아들이는 쪽에서 기쁘게 들리지 않을 수도 있다는 것이다.

필자 역시 강연을 끝내고 "(당신은) 강연을 참 잘하시네요" 하는 말보다는 "(나는) 고무라사키 씨의 마지막 멘트를 듣고 눈물이 났어요" "(나는) 이번 강연을 고무라사키 씨에게 부탁하길 정말 잘한 것 같아요" 하는 이야기를 들으면 훨씬 크게 와닿는다. 이처럼 'I메시지' 전달법으로 자신의 마음을 아이한테 전달하면 아이의 가슴에 훨씬 쉽게 다가갈 수 있다는 것을 명심하라.

야단칠 때도 'I메시지'로

아이를 야단칠 때, "어째서 넌 이 모양이니?" "왜 이렇게 넌 말을 안 듣니?" 같은 말투를 쓰는 엄마들이 많다. 그런데 여러분이 이러한 말을 들었다고 해보자. '왜' '어째서'라는 물음에 자신의 생각을 솔직하게 말할 수 있겠는가? 아마도 책망받는

기분이 들어 입을 다물어버리거나 엄마한테 혼나지 않으려고 변명을 찾을 것이다. 야단을 칠 때도 '너는 어째서……?'라는 말투가 아니라 '나는'이라는 'I메시지' 전달법으로 바꾸다 보면 아이의 마음을 열고 어느새 아이의 숨은 능력도 끌어낼 수 있다.

나의 클라이언트 메이의 아들은 게임에 빠져 밤을 새고 늦잠을 자는 등 생활 리듬이 엉망이었다. 메이는 처음에는 "너는 어째서 엄마랑 한 약속을 못 지키니?" "왜 너는 엄마가 하는 말을 안 듣니?" 하는 호통만 쳤더니 전혀 효과가 없었다고 한다.

필자는 이런 메이에게 아이가 또 그러면 게임을 끝낼 때까지 기다렸다가 이렇게 말해보라고 했다. "엄마랑 한 약속을 지켜주지 않아서 엄마는 정말 슬프다. 이대로라면 집에 게임기를 두지 못하게 되겠구나." 그러자 아이는 놀란 표정으로 "엄마, 미안해. 약속 지킬게" 하며 진심으로 용서를 빌었다고 한다. 그 이후에는 아이가 약속한 시간 동안만 게임을 하게 됐다고 한다. 메이는 자신의 진지한 기분이 아이에게 전해진 것 같다며 매우 만족스러워했다.

여러분도 아이한테 호소하는 힘이 큰 'I메시지' 전달법을 사용해보기 바란다.

● 아이에 대한 분노의 감정 다스리기

아이를 키우다 보면 하루에도 몇 번씩 아이가 말을 안 들어 화가 나거나 분노를 느끼게 된다. 그런데 분노의 감정은 일단 폭발하면 멈출 수 없을 정도로 거세진다. 본래 전하려고 했던 메시지는 온데간데없고, 있는 것 없는 것 다 말해 상대에게 본의 아닌 상처를 입히고 본인도 후회막급이다. 또한 분노는 상대의 분노를 불러일으키기 때문에 커뮤니케이션도 할 수 없게 된다. 그러므로 아이를 대하는 엄마는 늘 침착하게 마음의 평정을 유지하고 자신의 진심을 전할 수 있어야 한다.

다음은 순간적으로 작동되는 분노의 스위치를 멈추게 할 수는 없지만, 일어난 분노를 잘 다스려 폭발하지 않도록 하는 방법 세 가지다.

첫째, 아무 말없이 그 장소를 떠나라 분노의 감정에 휩싸였을 때, 눈앞에 분노의 원인인 아이가 있으면 그만 감정을 터뜨리게 되고 만다. '아, 이러다간 화가 폭발하겠다' 라는 생각이 들면 우선은 아무 말없이 그 장소를 떠나라.

둘째, 호흡을 가다듬어라 화가 났을 때는 호흡이 짧고 거칠어지기 마련이다. 그럴 때는 복식호흡을 해보자. 우선은 배 아래쪽부터 서서히 공기를 뱉어내는 방식이다. 그다음, 배 아래쪽에 공기를 꽉 채우는 느낌으로 숨을 들이쉰다. 이처럼 복식호흡을 여러 번 반복하다 보면 처음 느꼈던 격렬한 감정의 물결이 서서히 가라앉게 될 것이다.

셋째, 화가 난 자신을 객관적으로 바라보라 분노의 감정에 휩싸인 자신을 한발 물러나서 바라보는 것이다. '아, 난 화가 났구나. 내가 왜 화가 났지? 아, 좀전에 저 녀석이 나한테 대들었지.' 이렇게 객관적으로 자신을 파악하다 보면 감정과 하나가 되지 않고 침착해질 수 있다. 그다음에는 상황을 돌아보고 앞으로 어떻게 하면 좋을지 생각한다. '저 녀석도 무슨 일이 있나? 이번엔 화내지 말고 차근차근 물어봐야지.' 그러면 아이와의 관계도 더욱 긍정적이고 현명하게 대처해나갈 수 있게 된다.

◉ '엄마만 알고 있어' 하는 메시지 전하기

아이들이 '자신은 특별한 존재다'라는 생각을 가지게 하려면 아이들 하나하나가 엄마에게 소중한 존재, 온리 원의 존재라는 사실을 느끼게 해주어야 한다. 내 아이가 다른 아이와 '다른 점'을 찾아내 '엄마만 알고 있어' 하는 메시지를 전해보라. 아이에게는 "엄마한테 너는 특별한 존재야" 하는 말로 들릴 것이다.

필자도 어렸을 때는 엄마가 여동생 가오리만 예뻐하는 줄 알고 무척이나 질투를 했다. 그런데 엄마는 이런 말들을 틈틈이 해줬다.

"마유미는 책을 잘 읽는구나!" "글씨가 예뻐서 글쓰기 선생님이 될 수 있겠다" "또박또박 말을 잘하는구나!" 덕분에 여동생에 대한 질투심은 사라졌고 나만의 자신감도 쌓을 수 있었다. 바로 이런 '엄마만 알고 있어' 하는 메시지는 아이의 가능성을 무한히 넓혀주는 것임을 꼭 기억하자.

◉ 아이를 그냥 안아주기

아이들이 짜증을 부릴 때, 엄마들은 아이가 대체 왜 이러는지 난감해할 때가 있다. 그때는 아이한테 왜 그런지 이유를 묻기보다 그냥 안아주기만 해도 효과가 크다. 무척이나 떼를 쓰는 유치원생 아들 때문에 상담을 하러온 엄마가 있었다. 떼를 쓴다고 야단을 치면 아이의 울음소리만 점점 더 커져간다는 것이다. 그러던 어느날 떼를 쓰는 아이한테 "널 어떡하면 좋으니?" 하고 물었더니 아이가 "엄마 그냥 안아주세요"라고 말하더라는 것이다.

그렇다. 아이가 이유 모를 짜증을 부리고 떼를 쓸 때는, 아이 나름의 이유가 있을 테니 덮어놓고 야단치기보다 "기분이 많이 나쁘구나" 하며 아이의 기분을 받아주기만 해도 상당히 효과적이다.

아이를 변화시키는 상황별 코칭대화

이 장에서는 엄마들이 아이들을 키우면서 가장 많이 부딪히고 가장 많이 알고 싶어 하는 상황을 코칭대화로 풀어보았다. 요즈음 젊은 엄마들은 육아 경험이 부족하다 보니 아이들이 하자는 대로 아이들한테 끌려다니는 경우도 많다. 하지만 매번 이런 식으로 아이들을 대하다 보면 엄마도 아이도 그 끝이 어디인지 모를 나락으로 떨어질 수도 있다. 아이들의 상황이나 기분이 어떤지 잘 파악하고 현명하게 대처하는 게 좋다. 또 아이들은 엄마의 사랑과 반응에 민감하다는 것도 꼭 기억하자.

PART 05

아이가 학교 가기 싫어한다면?

아이가 갑자기 학교 가기 싫다고 한다면 엄마는 가슴이 철렁 내려앉을 것이다. 엄마도 당황스러워 아이한테 "얘가 뭐가 되려고 이래?" "왜 안 가?"라며 버럭 소리를 지르기 쉽다. 이럴 때 아이한테 무작정 화를 내기보다 어떤 말과 행동을 취하면 좋을지 한번 생각해보자. 아이가 학교를 가기 싫어하는 데는 분명히 이유가 있을 것이다. 학교에 안 가는 행위만으로 문제 있는 아이 취급을 해서는 안 된다.

초등학교 3학년 하지메의 엄마는 어느 날 아침, 하지메를 깨우러 갔는데 하지메가 이불 속에서 꼼짝을 않았다고 한다. 아이의 갑작스러운 행동에 당황한 하지메의 엄마가 대책을 물어왔다.

아이의 성장을 막는 나쁜 대화

엄마 : 뭐 하니? 빨리 안 일어나면 지각이야!

하지메 : 머리가 아파서…… 오늘 학교 빠질래.

엄마 : 열 있어? (이마에 손을 대고) 열은 없네. 이 정도면 괜찮아. 자, 일어나!

하지메 : 싫어. 가기 싫어.

엄마 : 왜? 무슨 일 있었어?

하지메 : …….

엄마 : 네가 말 안 하면 엄마만 모르잖아. 친구랑 싸웠어? 혹시 따돌림당하는 거야?❶

하지메 : 아니야!

엄마 : 그럼, 뭐야? 입 꼭 다물고 있지 말고 속 시원하게 말 좀 해봐.❷

하지메 : 내버려둬.

엄마 : 누구든지 다 싫은 일도 있고 힘든 일도 있어. 오늘 빠지면 점점 더 가기 싫어져.❸

하지메 : …….

이런 경우, 대부분의 아이들은 그 이유를 곧바로 말하려고 하지 않는다. '엄마를 걱정시키고 싶지 않다' '내 안에서 정리가 되지 않았다' '어쨌든 지쳤다. 쉬고 싶다' 등. 아이에게 이런 여러 가지 생각이 있어 엄마에게 말할 준비가 되어 있지 않은 것이다. 이 단계에서 부모가 억지로 이야기를 끌어내려고 하면 아이에게 부담만 줄 뿐이다.❶❷

학교에 가는 것도 안 가는 것도 결국 아이 자신이고 아이도 학교에 못 가서 괴로울 것이다. 그런데 책망을 하면 아이는 부모가 자신의 편이 아니라고 느껴 더욱 궁지에 몰리게 된다.❸ 이때 엄마가 할 일은 아이가 스스로 행동할 때까지 기다리고 지켜보는 것이다. 아이가 큰 문제와 마주하고 있을 때야말로 '엄마는 네 편'이라고 확실히 전해줄 기회다.

아이를 두 배로 성장시키는 코칭대화

엄마 : 뭐 하니? 빨리 안 일어나면 지각이야!

하지메 : 머리가 아파서…… 오늘 학교 빠질래.

엄마 : 머리가 아파? 열은? (이마에 손을 대고) 열은 없는 것 같은데.❶

하지메 : 머리가 아파.

엄마 : 머리가 아프니? 그럼 병원에 갈까?

하지메 : 안 가도 돼.

엄마 : 몸이 안 좋으니까 가야 할 것 같은데.

하지메 : 괜찮으니까, 오늘은 학교 빠지게 해줘.

엄마 : 빠지고 싶어? 무슨 일 있었어?

하지메 : …….

엄마 : 말하고 싶지 않아? 알았어. 그럼, 오늘은 학교 쉬어. 푹 쉬렴. 엄마가 옆에 있을 테니까 말하고 싶을 때 꼭 불러.❷

하지메 : 응.

　아이들의 말이나 표정, 태도를 보고 있으면 '평소랑 다르네. 뭔가 있구나'라고 느낄 때가 있다. 위 코칭대화에서 엄마는 아이가 몸이 아파서 학교 가기 싫어하는 것이 아님을 알고 있지만 금방 이유를 끌어내려고 하지 않는다.❶ 아이의 상태를 조용히 지켜보고 아이가 이야기하고 싶어질 때, 언제든 들을 준비가 되어 있다는 것을 알려주기만 해도 아이는 천군만마를 얻은 듯 마음이 든든해진다❷ 부모가 자신의 편이라고 생각되면 아이는 적절한 시기에 마음을 터놓는다.

　필자 역시 고 3 때 2주간 학교를 안 간 적이 있다. 처음에는 감기가 걸려서 학교를 안 갔는데 쉬다 보니 학교가 가기 싫었다. 그때 엄마는 나를 어떻게 해야 할지 몰라 내버려뒀고 그러는 사이 시간만 흘렀다. 결국 '이대로라면 정말 대학을 못 갈지도 모른다는 위기감'이 나를 다시 학교에 가게 만들었다. 하지만 그 외로웠던 2주간 처음에는 엄마가 날 내버려둬서 편했지만, 나중에는 엄마가 제발 나한테 왜 그러는지 좀 물어봐줬으면 좋겠다는 생각이 들었다. 이처럼 엄마는 아이가 필요로 할 때 최선을 다해 아이를 도와주면 되는 것이다.

> **코칭대화 one point**
>
> 아이가 갑자기 학교 가기 싫다고 할 때 아이한테 "왜 그러냐"고 다그치면 아이는 더욱 궁지에 몰리는 기분이 든다. 이때는 속이 타겠지만 아이가 이야기할 때까지 기다려줘라. 엄마가 자신의 편이라고 여겨지면 아이는 마음을 터놓을 것이다.

02 부부싸움을 했다면?

엄마, 아빠가 싸우면 아이들은 어른들이 생각하는 것 이상으로 많이 불안해하고 가슴을 졸이고 위축된다. 가능하면 아이에게 부모가 싸우는 모습을 보이고 싶지 않겠지만 불가피한 상황도 있는 법이다. 부부싸움을 하는 모습을 아이들에게 어쩔 수 없이 들켰다면 그때는 어떻게 해야 할까? 아이들에게 어떻게 설명해야 할지 한번 보자.

다츠야와 사오리의 엄마, 아빠가 하루는 아이들 앞에서 부부싸움을 했다. 아이들은 잔뜩 긴장되고 불안한 표정으로 엄마를 보고 있는데, 엄마는 순간 두 아이를 어떻게 안심시켜야 할지 난감했다고 한다.

아이의 성장을 막는 나쁜 대화

엄마 : 여보, 내 말 듣고 있어?

아빠 : 시끄러워! 제발 입 좀 다물어.

엄마 : 그럼 언제 말하라는 거야!

아빠 : 지금은 듣기 싫어!

아빠, 화가 나서 방 밖으로 나간다. 아이들, 불안한 표정으로 보고 있다.

다츠야 : ······.

엄마 : (아이들에게 들리도록) 어쩌면 네 아빠는 말을 저렇게 하니? 너희들은 앞으로 저렇게 되면 안 돼!❶

다츠야 : 아빠가 뭐라고 했어?

사오리 : 엄마, 아빠 싫어해?

엄마 : ······.

다츠야 : 엄마!

엄마 : 됐어. 너희들이랑 상관없는 어른들 얘기야.❷

다츠야 : 그게 무슨 말이야!

아이들은 엄마, 아빠를 하나의 존재로 인식하고 있다. 그런데 부모가 싸우면 가슴이 찢어질 듯한 불안감과 공포를 느끼게 된다. 싸움이 끝난 뒤에도 오랫동안 그 기억이 사라지지 않고 아이의 마음에 풍파를 일으킨다.

더욱이 앞의 대화 ❶처럼 상대가 없는 곳에서 아이들에게 험담을 하면 아이들은 엄마의 편을 들어야 할 것 같은 기분을 갖게 된다. 아이들에겐 엄마도 아빠도 모두 소중하기 때문에 한쪽 편에 서버린 스스로를 책망하고 더더욱 괴로워하게 될지도 모른다.

또 ❷와 같이 자신의 상황에 따라 아이들을 대화에 끼지 못하게 한 적은 없는가? 아이들은 어려도 예리한 직감으로 상황을 파악하고 있다. 부모의 제멋대로인 행동도 교활한 모습도 확실하게 보고 있다. 이럴 때야말로 부모가 직접 아이들에게 상황에 대해 솔직하게 설명해줘야 한다.

아이를 두 배로 성장시키는 코칭대화

부부싸움을 한 뒤, 엄마가 아이들에게 말을 건다.

엄마 : 미안해. 그만 아빠랑 싸우고 말았네. 너희한텐 항상 싸우지 말라고 하면서 엄마, 아빠가 싸워서 속상했지?❶

다츠야 : 엄마, 이제 아빠랑 싸우지 마.

엄마 : 이제 안 싸울게. 엄마도 아빠도 사실은 서로를 소중하게 생각하고 있어. 하지만 너희들이랑 똑같이 싸울 때가 있거든. 그래도 서로 많이 사랑하니까 곧바로 화해할 거야.

사오리 : 응. 나도 엄마, 아빠 사랑해.

엄마 : 고마워. 정말 걱정하게 해서 미안해. 엄마, 아빠도 너희들 많이 사랑해.

엄마, 아이들을 꽉 끌어안는다.❷

이때는 엄마가 아빠랑 싸운 사실을 대충 넘기지 않고 솔직하게 인정하는 게 좋다. 그리고 아이들의 감정을 헤아려❶ 속상하게 해서 미안하다고 사과를 해라. 부부싸움을 하는 것이 특별히 문제가 있는 것이 아니라는 것, 부부가 서로 사랑하고 있다는 것을 전달하고 아이를 안아줌으로써 아이들을 안심시키는 것이 좋다.❷ 부부싸움을 한 뒤의 이런 행동은 아이들의 불안감을 없애준다.

유치원을 운영하는 친구의 이야기이다. 다른 아이들을 못살게 구는 한 아이가 있어 아무리 야단을 쳐도 안 돼, 그 아이의 엄마한테 얘기했더니 집에서도 동생을 못살게 군다는 것이었다. 어느 날 아이가 또 사고를 쳤기에 이번에는 그냥 아이를 꽉 안았는데, 아이가 "선생님 더 안아주세요!"라고 말해 깜짝 놀랐다고 한다. 그때부터 그 친구는 작전을 바꾸어 틈날 때마다 아이를 안아주고 아이 엄마한테도 그렇게 하라고 귀띔을 해주었다고 한다. 그랬더니 아이는 수업 시간에 훨씬 차분해지고 점점 상태가 좋아졌다고 한다. 이처럼 사람의 온기는 특히 엄마의 온기는 아이에게 그대로 전해져 아이의 상처를 치유해주는 효과가 있다. 아이에게 상처를 주었다고 생각될 때는 꼭 안아주자.

코칭대화 one point

부부가 싸우는 모습을 아이한테 보이면 아이는 극도의 불안감과 긴장감을 느낀다. 이때는 아이에게 솔직하게 싸운 것을 인정하고 미안하다고 사과하라. 또 부부가 서로 사랑하기 때문에 싸움도 한다는 것을 전달하면 아이는 더욱 안심한다.

03 형제자매끼리 싸운다면?

아이가 둘만 돼도 어느 집이나 아이들끼리 싸우는 모습을 흔히 볼 수 있다. 그럴 때 엄마가 아이들의 싸움을 말리려고 감정적으로 소리를 지르거나 강제로 두 아이를 떼어놓는다면? 또는 "내가 못 살아?" "옆집 아이들은 잘만 지내더구만……." 어쩌고 하면서 푸념을 늘어놓지는 않는지? 아이들은 싸우면서 자라는 법이다. 그런데 엄마가 그런 말들을 하면 마치 자신들이 엄마를 괴롭히는 나쁜 아이가 된 듯한 기분을 느낀다. 이때는 어떻게 해야 할까?

초등학생 형제인 형 마사루와 동생 사토시는 허구한 날 치고 박고 싸우는 게 일이다. 다음은 하루에도 몇 번씩 벌어지는 상황이라고 한다.

아이의 성장을 막는 ~~나쁜~~ ~~대화~~

엄마 : 그만두지 못해!

마사루 : 사토시가 잘못했어.

사토시 : 미안하다고 했잖아.

엄마 : 그만들 좀 해! 어째 맨날 똑같니? 이웃 사람들한테 창피하지도 않니? (형을 향해서) 넌 형이면서 동생한테 그렇게 화를 내면 어떡하니? 좀 참으면 되잖아. ❶

마사루 : 짜증 나! 왜 나만 혼내는 거야!

엄마 : (동생을 향해서) **너는 왜 형 말을 안 듣는 거니?** ❷

사토시 : 형이 잘못했단 말이야.

엄마 : 그만 해! 둘 다 밥 먹지 마! 화해할 때까지 텔레비전도 보면 안 돼! ❸

마사루 : 왜! (동생에게) 너 때문이야!

사토시 : 엄마 이건 너무해!

엄마 : 나도 몰라.

형제끼리는 서로서로 배우면서 자란다. 때로는 티격태격 싸우기도 하지만 상대를 이해하고 양보심도 키워나간다. 그러니 의견 차이가 있는 것은 당연하다. 하지만 문제는 해결방법이다. 마사루와 사토시의 대화에서 엄마는 소리를 지르고 벌주는 방법을 썼다. ❸ 그렇게 엄마가 소리를 질러 싸움을 말리는 모습을 본다면 아이들도 소리를 질러 문제를 해결하려고 할 것이다. 이때는 엄마가 소리를 지를 것이 아니라 대화를 제시해야 한다. ❶처럼 "형이니까 참아"라는 말도 불합리하다. 먼저 태어났다는 이유로 참으라고 강요당하는 것을 납득할 수 없기 때문이다. 그렇게 말하면 오히려 '엄마는 날 싫어하는 게 아닐까' 하는 의심만 살 수 있다. 또 ❷처럼 아이의 의견에 좌우되어 부모가 즉흥적으로 태도를 바꾸면 아이는 부모의 판단을 신뢰하지 않게 된다. 아이에게도 싸움에 이르게 된 사정이 분명히 있다. '하지 마!' 보다는 아이들의 주장이나 변명에 귀를 기울여야 한다.

아이를 두 배로 성장시키는 코칭대화

엄마 : 그만두지 못해!

마사루 : 사토시가 잘못했어.

사토시 : 미안하다고 했잖아.

엄마 : 둘 다 잠깐, 대체 왜 그러는지 엄마한테 말해 봐. ❶

마사루 : 이 자식이 내 장난감을 망가뜨렸어.

사토시 : 일부러 그런 거 아니야. 사과했는데 안 받아주잖아.

마사루 : 멋대로 써서 이렇게 된 거지.

엄마 : 그럼 너는 동생이 말없이 쓴 것에 화가 난 거야? ❷

마사루 : 어떻게 쓰는지 가르쳐주려고 했는데 멋대로 쓰니까 망가지잖아.

엄마 : (동생에게 향해서) 어떻게 생각해? ❸

사토시 : 미안하다고 그러는데 갑자기 때리잖아.

엄마 : 그래. 때려서 화가 난 거구나. ❹

사토시 : ······.

엄마 : 둘 다 30분간 싸워보니 기분이 어때?

마사루, 사토시 : ······.

엄마 : 너희 둘 다 서로 잘 배려해주어서 그동안 엄마는 무척 대견스럽게 생각했어. 그런데 둘이 이렇게 싸우는 것을 보니 지금은 너무 슬퍼.❺

마사루 : 때린 건 잘못했어. 그렇지만 앞으로는 내 물건 함부로 쓰지 마.

사토시 : 형, 미안해.

엄마 : 너희들끼리 화해하니까. 엄마 맘도 좋다.

마사루, 사토시 : 엄마, 이제 안 싸울게요.

  두 아이가 싸웠을 때는 엄마가 두 아이의 말을 다 들어주어야 한다. 그러면 둘 다 엄마가 자신의 입장을 알아줬다고 생각하기 때문에, 아이들은 차분히 싸움의 원인과 앞으로의 대책까지 파악할 수 있게 된다.❶~❹ 위 코칭대화에서 엄마는 "서로 잘 배려해준다"는 두 아이에 대한 사랑의 메시지를 전함으로써 각자의 마음을 열게 했다.❺ 그 결과, 아이들은 서로를 이해하면서 해결 방법을 찾은 것이다. 아이는 부모를 보고 배운다. 엄마가 침착하게 말하고 상대의 말을 듣는 자세를 보여주는 것이 중요하다.

> **코칭대화 one point**
>
> 아이들은 싸우면서 자란다. 아이들끼리 싸웠을 때 한 아이에게 무조건 참으라고 하면 그 아이가 부당하다는 기분을 가지게 된다. 이때는 공정하게 두 아이의 말을 다 들어주고, 왜 싸웠는지 앞으로 어떻게 하면 좋을지 짚어보게 하라.

04 아이가 폭력을 행사한다면?

아이가 둘이다 보면 보통 작은아이는 큰아이의 행동을 따라하거나 큰아이를 따라다니려고 한다. 그러면 큰아이는 그런 동생이 성가셔서 때리기도 한다. 큰아이가 동생을 예뻐하지 않아서 난처했던 적은 없는가? 이럴 경우 엄마들은 큰아이한테 더욱 엄격한 입장을 취하기 쉬운데 큰아이는 나름의 이유가 있을지도 모른다. 이때 지혜로운 엄마의 현명한 대처법을 한번 보자.

초등학생 미유키와 유치원생 사치에의 엄마는 요즘 언니 미유키가 동생을 때리거나 심술을 부리는 일이 부쩍 늘어 걱정이다. 다음은 사치에가 울면서 엄마가 있는 곳으로 찾아온 날의 이야기다.

아이의 성장을 막는 나쁜 대화

사치에 : 엄마, 언니가 때렸어. 혼내줘.

엄마 : 또? (미유키 옆으로 가서) 미유키, 정말 그랬어?

미유키 : 사치에가 제멋대로 굴잖아.

엄마 : **넌, 언니잖아. 때리는 건 안 된다고 몇 번이나 말해야 알겠니?** ❶

미유키 : 내가 블록 갖고 놀고 있는데 빌려달라고 하잖아. 어쩔 수 없어서 책을 읽었더니 이번엔 책을 빌려달라잖아. 어떻게 맨날 사치에 하자는 대로만 해.

엄마 : 그럼 상냥하게 '조금만 기다려' 하면 되잖아. 엄만 때리는 사람은 싫어! ❷

미유키 : 엄만 아무것도 모르면서!

이런 상황에서 엄마들이 자주 하는 말이 ❶과 같이 '너는 언니니까, 동생은 너보다 어리잖아' 이다. 그러나 언니니까 안 된다는 말은 자칫하면 반항심을 불러온다. 게다가 ❷와 같은 방법을 쓰면 아이는 엄마의 애정까지 의심할 수 있다. 엄마로서 아이에게 주의를 주고 '해서는 안 되는 일'을 전할 때의 포인트를 알아보자.

아이를 두 배로 성장시키는 코칭대화

사치에 : 엄마, 언니가 때렸어. 혼내줘.

엄마 : 때렸어? 아팠니? (미유키 옆으로 가서) 미유키, 무슨 일이 있었어?❶

미유키 : (토라져서) 사치에가 제멋대로 굴잖아.

엄마 : 제멋대로라고?❷

미유키 : 내가 블록 갖고 놀고 있는데 빌려달라고 하잖아. 어쩔 수 없어서 책을 읽었더니 이번엔 책을 빌려달라잖아. 맨날 어떻게 사치에 하자는 대로만 해.

엄마 : 그래? 그래서 화가 났구나. 참을 수가 없어서 때렸구나.❸

미유키 : …….

엄마 : 이리 와. (미유키를 끌어안는다)❹ 그런데 미유키, 사치에 때린 건 잘못한 거야.❺

미유키 : 응.

엄마 : 때리면 다칠지도 모르고 사치에가 화가 나서 널 때릴 수도 있잖아. 그러면 사치에는 점점 더 네가 싫어져서 자기가 잘못해서 맞았다고는 생각하지 않을 거야.❻

미유키 : 응.

엄마 : 사치에를 때리지 않고 사치에한테 하고 싶은 말을 전해주려면 어떻게 해야 될까?❼

미유키 : 사치에가 제멋대로 굴면 한 번은 들어줄게. 그리고 때리지 않고 주의를 줘야겠지.

엄마 : 그래 할 수 있지?

미유키 : 응.

　우선은 폭력을 쓴 큰아이를 일방적으로 야단치기보다 아이의 이야기부터 들어줘라.❶❷ 그리고 그런 행동을 하게 된 아이의 기분을 헤아리며❸ 아이의 말을 반복하고 기분에 공감하며 아이의 마음을 여는 상황을 만들어라.❹ 그런 다음, '때리는 것은 나쁘다'고 명확하게 이유를 설명하라.❺ ❻ 아이가 준비된 상태에서 메시지를 전했기 때문에 아이는 솔직하게 엄마의 말을 있는 그대로 받아들인다. 또 동생을 때리지 않고 자기가 하고 싶은 말을 전달하는 방법을 아이 스스로 알도록 하는 것도 중요하다.❼

　'엄마가 내 마음을 알아줬다'는 만족감이 아이를 스스로 반성하게 만든다. 누구나 어렸을 때 동생을 괴롭힌 경험이 있을 것이다. 이때는 아이를 혼내거나 주의를 주기보다 아이의 존재를 있는 그대로 보아주고 애정을 듬뿍 담아 안아주기 바란다.

코칭대화 one point

큰아이가 동생을 때리거나 예뻐하지 않는 것은 큰아이에게도 나름의 이유가 있을 수 있다. 우선 아이한테 왜 그러는지 물어 아이의 기분을 헤아려주고, 아이가 마음을 열면 동생을 때리는 행위는 잘못된 것임을 분명히 인지시켜라.

05 아이가 외모에 신경 쓴다면?

요즘 아이들은 남자 아이고 여자 아이고 외모에 굉장히 신경을 쓴다. 어른 입장에서 보면 사소한 것이라도 아이에게는 큰 문제일 때가 있다. 아이가 친구와 비교해서 자신의 외모에 열등감을 가지고 있다면 엄마는 긴장해야 할 것이다. 부모의 반응에 따라 아이는 더욱 큰 열등감에 휩싸일 수도 있다. 아이를 열등감에서 벗어나게 하려면 어떻게 해야 할지 한번 보자.

항상 씩씩했던 초등학교 4학년 여자 아이 아스카가 어느 날 힘없는 모습으로 학교에서 돌아왔다. 그때까지는 아무렇지도 않아 하던 주근깨가 싫다고 엄마에게 투덜거렸다고 한다. 아래는 그날의 상황이다.

아이의 성장을 막는 나쁜 대화

엄마 : 아스카, 왜 그래? 기운이 없어 보이네?

아스카 : 이제 다 싫어!

엄마 : 뭐가 싫어?

아스카 : 다들 내 주근깨 보고 놀린단 말이야! 왜 난 얼굴에 주근깨가 이렇게 많은 거야?

엄마 : 뭘 그런 걸로 고민하니? ❶

아스카 : 싫어! 주근깨 없애버리고 싶어.

엄마 : 주근깨 없애는 게 쉬워? 무슨 바보 같은 말이야?

아스카 : 엄마는 놀림을 안 당하니까 내가 얼마나 속상하고 창피했는지 모를 거야.

엄마 : 놀린 친구가 나쁜 거야.

아스카 : 한두 명이 놀리는 게 아니라니까.

엄마 : 자꾸 그러면 너만 바보야.

아스카 : …….

엄마 : 친구들이 하는 말 하나하나에 신경 쓰고 풀이 죽으면 어떡해? 그런 거 신경 안 써도 돼. 주근깨는 엄마도 많아. ❷

아스카 : …….

엄마가 주근깨를 신경 쓰는 아이의 마음을 받아주지 않아 아이는 더욱 기운이 빠졌다. 뿐만 아니라 신경 쓸 일이 아니라며 자신의 사고방식을 아이에게 강요한 것이다.❶❷ 엄마에게는 아무것도 아닌 것이 아이에게는 대단한 문제거리일 수도 있다. 이럴 때는 아이의 말에 맞장구를 쳐주고, 주근깨를 '나쁜 것, 결점'이라고 파악하고 있는 아스카의 시각을 바꿔주어야 한다.

아이를 두 배로 성장시키는 코칭대화

엄마 : 아스카, 왜 그래? 기운이 없어 보이네?

아스카 : 이제 다 싫어!

엄마 : **이제, 싫다고?**❶

아스카 : 다들 내 주근깨 보고 놀린단 말이야! 왜 난 얼굴에 주근깨가 이렇게 많은 거야?

엄마 : 다른 애들이 주근깨 가지고 놀려서 슬픈 거구나.❷

아스카 : 주근깨 없애고 싶어.

엄마 : **친구들한테 놀림받아서 싫었구나. 하지만 아스카, 엄마는 네 주근깨 좋아해! 귀엽다고 생각하는데?**❸

아스카 : (순간, 놀란 표정을 하고) 귀여워? 엄마 딸이니까 그렇지.

엄마 : 아냐, 정말이야. **엄마 딸이라서 그런 게 아니고 아스카의 매력 포인트라고 생각하는데.**❹ 유명 배우들도 주근깨 있는 사람 꽤 많아.❺

아스카 : ······.

내 소중한 아이가 사소한 것 때문에 못난 짓을 한다는 생각이 들면 엄마로서 속이 상하는 것은 당연하다. 하지만 우선은 엄마가 그런 아이의 기분을 부정하지 말고 받아주는 것이 좋다.❶❷ 또 위 대화의 "네 주근깨 좋아해! 귀엽다고 생각하는데"라는 말처럼, 아이가 '자신의 나쁜 것, 결점'으로 여기는 것을 달리 볼 수 있는 새로운 시각을 제시하는 것이 좋다.❸❹ 아이가 고민하는 주근깨 그 자체는 나쁜 것도 좋은 것도 아니다. 그것을 보는 사람에 따라 의미 부여나 해석이 달라지는 것이다. 하지만 고민하고 있는 아이는 좀처럼 좋은 방향으로 생각하기 어렵다. 그럴 때, 엄마가 "요즘은 쌍꺼풀 없는 눈이 귀여워" "약간 각진 얼굴이 지적으로 보여"라는 말과 같이 새로운 시각을 제시함으로써 타인과 다른 것은 매력, 개성이라는 점을 알게 해주자.❺

코칭대화 one point

어른 입장에서 보면 아주 사소한 것도 아이들은 꽤 신경을 쓸 때가 있다. 그때는 "뭐 그딴 거에 신경을 써" 하며 아이한테 면박을 주기보다, "요즘은 쌍꺼풀 없는 눈이 귀여워" "약간 각진 얼굴이 지적으로 보여"라는 말과 같이 새로운 시각을 제시해주는 것이 좋다.

06 공부에 흥미를 갖게 하려면?

아이의 공부는 부모에게 아주 민감하고도 중요한 문제다. 하지만 아이의 장래를 생각하고 공부의 필요성을 이해시키려고 설교하거나 강요하는 건 옳지 않다. 공부는 아이에게 의욕이 있을 때 성과로 이어진다. "공부해!"라고 명령한다면 어떤 결과가 벌어질까?

공부에 의욕을 보이지 않는 초등학생 쇼이치의 엄마는 되도록이면 참견하지 않고 아들 스스로 공부하게 하려고 굉장히 자제를 했다고 한다. 그러던 어느 날, 공부를 전혀 거들떠보지도 않는 아들을 보다 못해 한마디 했는데 오히려 역효과만 불러온 것 같다고 하소연을 했다.

아이의 성장을 막는 나쁜 대화

엄마 : (상냥한 목소리로) 쇼이치, 숙제했니?

쇼이치 : 아직 안 했는데.

엄마 : 요즘 통 책상에 앉아 있질 않네.

쇼이치 : …….

엄마 : (조금 짜증 난 목소리로) 왜 공부 안 하니?❶ 너는 공부가 싫을지 모르지만 이대로 싫다고 도망가기만 하면 어떻게 될 것 같아? 중학교 가서도 공부 못하고 고등학교 가서도 공부 못하고 나중에 더 힘들어진단 말이야. 그러니까 지금…….❷

쇼이치 : 그런 말 일일이 안 해도 할 거야!

엄마 : 언제, 언제 할 건데?

쇼이치 : 언제는 내가 공부 안 했어?

엄마 : 요즘 너 얼마나 게으름 피우는지 알기나 해?

쇼이치 : 엄마 잔소리만 들으면 공부해야지 했다가도 하기 싫어져.

엄마 : 말 안 하면 네가 하니? 그러니까 말하는 거잖아!❸

쇼이치 : 엄마가 그렇게 해라해라 하니까 할 마음이 안 생기는 거라고!

엄마들은 아이들이 공부를 멀리하면 감정적으로 되어 "아니, 얘가 뭐가 될려고 그래?" "다 너의 장래를 위해서 하는 소리야" 등의 반협박이 섞인 부정적인 말을 하게 된다.❶~❸ 모든 것이 아이를 위해서라지만 과연 아이의 의욕을 끌어내는 대화라고 할 수 있을까? 아이들에게 공부를 강요하면 더 하기 싫어하는 경향이 있다. 이럴 때 아이의 의욕을 끌어내주는 효과적인 방법은 아이와 함께 공부를 하며 체험을 공유하는 것이다.

아이를 두 배로 성장시키는 코칭대화

엄마 : 쇼이치, 요즘 학교생활 재미있니?

쇼이치 : 응, 그저 그래.

엄마 : 아니 왜, 공부하기 싫어?

쇼이치 : 꼭 싫다기보다는…….

엄마 : 좀 힘들구나?

쇼이치 : 조금 그래.

엄마 : 그래. 요즘 어떤 것 배우고 있는데?❶

쇼이치 : 음, 수학은 분수.

엄마 : 분수? 벌써 분수를 배워? 어려운 것 배우네.❷ 엄마는 분수 잘 못했는데, 쇼이치는 어때?❸

쇼이치 : 처음에는 쉬웠는데 요즘엔 어려워졌어.

엄마 : 그렇구나. 엄마도 분수 공부 하고 싶다. 쇼이치, 가르쳐줄래?❹

쇼이치 : 엄마도 공부하는 거야?

엄마 : 응! 분수는 어른이 돼서도 필요한 지식이거든. 같이 공부하자!❺

쇼이치 : 나야 뭐…… 괜찮지만.

아이가 공부에 흥미가 없어 할수록 오히려 아이의 공부에 관심을 나타내라.❶ 아이가 조금이라도 잘하는 것이 있다면 한껏 추켜주어❷ 아이의 자부심을 자극하라. 또 ❸처럼 엄마가 자신의 체험을 전하는 것도 아이의 속마음을 끌어내는 계기를 만든다. 더욱이 엄마가 아이의 공부 파트너가 되기를 제안한다면 싫다고 할 아이는 없을 것이다.❹❺ 아이는 무엇이든 부모와 함께하는 것을 좋아한다.

아이가 공부에 관심을 갖기 위해서는 아이 스스로가 즐거움, 기쁨, 자부심을 느껴야 한다. 아이가 흥미를 느낄 때까지 엄마가 당분간은 함께해주자. 그러면 아이도 하기 싫다가도 엄마랑 함께하는 것 자체가 즐거워서 열심히 하게 된다.

[
코칭대화 one point

아이가 공부를 등한시할 때는 "공부해!"라고 아이한테 소리를 질러 봤자 소용없다. 차라리 아이가 공부에 흥미를 가질 때까지 엄마가 함께해주는 것이 훨씬 효과적이다.
]

 아이가 엄마의 잘못을 지적한다면?

엄마가 아이의 잘못이나 실수를 지적하는 것은 당연하고 익숙한데, 아이가 엄마의 잘못이나 실수를 지적하면 어떻게 해야 할지 굉장히 당황스럽다. 어떨 때는 그런 말을 하는 아이를 혼내기도 하는데 당신은 어떤가? 아이들은 어른들이 생각하는 것 이상으로 부모의 태도를 유심히 관찰하고 있다. 자신의 잘못이나 실수를 아이한테 들켰을 때는 솔직하게 시인하는 것이 좋다.

초등학교 3학년 사에의 엄마는 식사를 하다가 사에가 젓가락으로 음식을 휘젓기에 주의를 줬다고 한다. 그랬더니 아이는 엄마도 마찬가지라며 오히려 대들더라는 것이다. 이럴 때는 어떻게 하는 게 좋을까?

아이의 성장을 막는 나쁜 대화

엄마 : 사에, 그렇게 젓가락으로 음식을 휘저으면 못 써. 하지 마.

사에 : 엄마도 요전에 샐러드 뒤적이면서 먹고 싶은 것만 골라 먹었잖아.

엄마 : (놀라서) 엄마가 언제 그랬어? ❶

사에 : 내가 다 봤어!

엄마 : 그건 엄마가 피망을 싫어해서 옆에 빼놓은 거지. ❷ 너처럼 그렇게 예의 없이 휘저은 게 아니잖아.

사에 : 예의 없기는 마찬가지야.

엄마 : 지금 너 하는 짓을 봐. 완전히 어린아이가 음식으로 장난하는 거지 뭐니?

사에 : 장난한 거 아냐.

엄마 : 잘못했으면 뉘우칠 줄 알아야지. 그게 무슨 말이야?

사에 : 엄마랑 똑같지 뭘 그래? 엄마는 반성 안 하면서 왜 나만 야단쳐?

엄마 : 엄마한테 말버릇이 그게 뭐야? 네가 잘못한 건 똑바로 반성해야지. ❸

사에 : 왜 나만 혼내는데? 진짜 이상해!

엄마 : 아니, 쟤가…….

엄마는 갑작스런 딸의 지적에 자신의 행동을 솔직하게 인정하지 못했다.❶ 우물쭈물 변명을 하거나❷ 엄마라는 사실을 내세워 아이에게만 반성을 재촉한 것이다.❸ 이처럼 많은 부모가 '부모는 아이의 모범이 되어야 한다'는 생각을 갖고 있기 때문에 자신의 실수나 잘못을 잘 인정하지 못한다. 그러나 아이 앞에서 부모의 위엄을 지키기 위해서 대충 얼버무리거나 거짓말을 하면 부모에 대한 불신감만 키워줄 뿐이다. 실수를 하지 않는 사람은 없다. 실수 그 자체보다 실수한 다음에 어떻게 대응하는지가 중요하다.

아이를 두 배로 성장시키는 코칭대화

엄마 : 사에, 그렇게 젓가락으로 음식을 휘저으면 못 써. 하지 마.

사에 : 엄마도 요전에 샐러드 뒤적이면서 먹고 싶은 것만 골라 먹었잖아.

엄마 : (놀라서) 정말? 엄마가 그랬었니?

사에 : 내가 봤는걸!

엄마 : 아이고, 그랬었니? 엄마가 피망을 싫어해서 옆에 빼놓은 건데, 그것도 예의 없는 행동이지.❶

사에 : 나한테는 이래라 저래라 주의 주면서 엄마도 그러잖아!

엄마 : 정말 그렇네, 미안 너한테 주의 줄 입장이 아니네❷

사에 : …….

엄마 : 자기가 한 행동은 남이 말해주지 않으면 알 수가 없어. 앞으로 서로 주의하자.❸

사에 : 응.

엄마 : 그래, 엄마도 앞으로 주의할게.

이 코칭대화처럼 엄마라도 아이한테 자신의 잘못을 지적받으면 솔직히 인정하고 사과하는 게 좋다.❶❷ 엄마가 아이를 가르치려고만 하지 않고 아이와 같은 눈높이에서 아이와 함께 성장해가려는 말과 행동을 보이면 아이는 '인간에 대한 존중감과 예의'를 배운다.❸ 아이는 부모의 말뿐만 아니라 행동도 보고 배우면서 커간다. 아이의 가장 가깝고도 좋은 멘토는 부모라는 사실을 잊지 말자.

[
코칭대화 one point
아이가 엄마의 잘못이나 실수를 지적하면 그것을 순순히 인정하고 사과하라.
아이는 부모의 말과 행동을 보고 배운다.
]

08 "왜 공부해야 해?"라고 묻는다면?

아이들은 저마다 다른 고민거리로 머리를 싸매고 있다. 때로는 엄마도 대답하기 곤란한 질문을 불쑥 해오기도 하는데, 자칫 엄마가 대답이 궁하다 보면 아이한테 "그딴 질문 왜 하니?" 하는 식의 반응을 보일 수 있다. 아이가 부모도 이해하기 어렵고 대답하기 곤란한 문제로 고민하고 있다면 아이한테 뭐라고 해주면 좋을까?

초등학교 5학년인 도시유키는 성적도 좋고 부모 말도 잘 듣던 아이였다. 그런데 요즘 들어 기운도 없고 공부에도 집중하지 못해 도시유키의 엄마는 걱정이 태산이었다. "엄마, 공부는 왜 해?" 하는 엉뚱한 질문을 하자 불안한 마음을 가눌 길이 없었다고 한다. 도시유키의 사례를 한번 보자.

아이의 성장을 막는 ~~나쁜 대화~~

엄마 : 기운이 없네. 무슨 일이야?

도시유키 : 엄마, 공부는 왜 하는 거야? 왜 공부하는 거지?

엄마 : **왜 그래? 갑자기 그런 소리를 하고……. ❶**

도시유키 : 공부하는 게 그렇게 중요한 일이야?

엄마 : 당연하지. 공부를 잘해야 훌륭한 사람이 되지. 공부 못하면 이다음에 사회 나가서 힘들어.

도시유키 : 왜 힘들어?

엄마 : 사람들이 무시하니까. 좋은 직업도 얻을 수 없고. 왜 엄마가 항상 열심히 공부하라고 하겠어? 다 너를 위해서야.

도시유키 : …….

엄마 : **공부는 자기를 위해서 하는 거잖아. 이제 와서 무슨 소리를 하는 거야? ❷**

도시유키 : 자기를 위해서라는 게 무슨 뜻인데?

엄마 말에 좀처럼 수긍하지 못하는 도시유키.

엄마는 도시유키가 고민하는 이유를 모른 채 당황했던 것이다. ❶ 그리고 아이의 생각을 받아들이기 전에 아이가 고민하고 있는 것 자체를 못마땅해하며 자신의 생각을 강요하기도 했다.❷ 실제로 도시유키 같은 고민을 하는 아이들이 의외로 많다. 부모들에게 그런 고민을 털어놓으면, 부모들에게 공부하는 것은 너무도 당연한 것이므로 '별 이상한 아이 다 봤다'는 식으로 면박당하는 경우도 많다. 그러면 아이는 아무도 마음을 몰라준다는 고독감과 소외감으로 불안해질 수도 있으므로 주의하자.

아이를 두 배로 성장시키는 코칭대화

엄마 : 기운이 없네. 무슨 일이야?

도시유키 : 엄마, 공부는 왜 하는 거야? 왜 공부하는 거지?

엄마 : …….

도시유키 : 왜 공부할까 하고 생각해봤더니 모르겠더라고.

엄마 : 왜 공부를 할까? ❶

도시유키 : 공부하는 게 그렇게 중요한 일이야?

엄마 : 음, 도시유키는 어떻게 생각해? ❷

도시유키 : 공부하는 게 도움이 되는 건지 모르겠어.

엄마 : 엄마도 옛날에 똑같은 생각을 한 적이 있었어. ❸

도시유키 : 정말?

엄마 : 응. 그래서 네 마음 알아.

도시유키 : 정말? 나는 공부하는 거 싫어…….

엄마 : 그렇구나. 이건 엄마가 느낀 건데 공부를 열심히 하면 어른이 돼서도 도움될 때가 많아. ❹

도시유키 : 어떻게 도움이 되는데?

　엄마는 설사 아이가 엉뚱한 질문을 해오더라도 아이의 고민을 못마땅해 하지 않고 공감하며 진지하게 받아줘야 한다는 걸 절대 잊어서는 안 된다. ❶❷ 그러면 아이는 엄마가 자신의 기분을 알아줬다는 편안함을 느껴 자신의 고민을 편안하게 받아들인다. 그리고 엄마가 자신의 체험을 들려주면 아이가 시야를 넓혀 사물을 새로운 각도에서 보게 된다. ❸❹ 결국 문제를 해결하는 것은 아이 자신이고 엄마는 아이의 말에 귀를 기울이고 생각을 인정해줄 뿐이다. 그것은 '어느 때라도 너를 응원할 거야' 하는 것의 다른 표현이다. 아이에게 든든한 서포터가 되는 엄마가 되자.

[
코칭대화 one point

아이가 대답하기 곤란하고 못마땅한 질문을 해오더라도 "그런 소리는 집어치워" 하는 식의 대응보다는 우선은 아이의 기분을 받아줘라. 그리고 "왜 공부해야 할까?" 하는 식으로 새로운 시각을 제시하면 아이가 문제해결의 실마리를 찾을 수도 있다.
]

09 아이가 친구 험담을 한다면?

아이가 집에서 친구의 험담을 하고 있다. 다른 사람의 험담을 듣는 것은 누구라도 기분이 좋지 않다. 하지만 "험담해서는 안 돼"라고 딱 잘라 말해버리면 아이의 기분이 어떨까? 자칫 아이가 "대체 엄마는 누구 편이야?" 하고 대들지도 모른다. 아이가 이런 기분을 느끼지 않게 다가가는 방법은?

초등학교 3학년인 사유리는 요즘 단짝 친구인 미유키와 싸웠는지 미유키의 험담을 많이 한다. 사유리의 상황을 한번 보자.

아이의 성장을 막는 나쁜 대화

엄마 : 무슨 일이야? 요즘 미유키랑 놀지 않는 것 같던데…….

사유리 : (화가 난 모습으로) 이제 안 놀 거야. 정말 열받아!

엄마 : 열받는다는 말 쓰지 마. 걔 착한 애잖아.

사유리 : 착한 애 아니야. 내가 싫어하는 말을 한단 말이야. 걔가 얼굴에 점 많다고 나를 놀렸단 말이야.

엄마 : **친구 험담하면 못 써. 친구랑 사이좋게 지내야지.** ❶

사유리 : (발끈하며) 내가 괜히 그러는 게 아니잖아.

엄마 : 그런 말에 신경 안 쓰면 되잖아. ❷ 미유키는 너에게 상처를 주려고 그런 말 한 게 아닐 거야. ❸ 친구랑 사이좋게 지내야지. ❹

사유리 : 됐어. 엄마는 대체 누구 편이야?

   아이가 친구랑 싸웠다고 하면 대부분의 엄마들은 "친구랑 사이좋게 지내야지"라는 말들을 할 것이다. ❶ 하지만 이런 말들은 아이의 감정만 상하게 할 뿐이다. 위 대화의 ❷~❹의 "친구랑 사이좋게 지내야 한다"라는 교과서적인 말은 사유리도 분명 알고 있을 것이다. 그런데도 엄마가 자신의 편이 되어 주지 않는다고 생각하면 반감을 갖고 대화를 멈춰버린다. 일단은 아이의 마음에 다가가는 것이 중요하다.

아이를 두 배로 성장시키는 코칭대화

엄마 : 무슨 일이야? 요즘 미유키랑 놀지 않는 것 같던데…….

사유리 : (화가 난 모습으로) 이제 안 놀 거야. 정말 열받아!

엄마 : **열받아?** ❶

사유리 : 내가 싫어하는 말을 한단 말이야. 얼굴에 점 많다고…….

엄마 : **듣기 싫은 말 들어서 상처받았구나.** ❷

사유리 : 정말 싫어.

엄마 : **힘들겠구나.** ❸ **사유리는 미유키랑 어떻게 하고 싶어?** ❹

사유리 : 사이좋게 지내고 싶지만, 나한테 정식으로 사과하지 않으면 싫어.

엄마 : 사과하지 않으면 싫은 거구나. **미유키가 사과하면 어떻게 할래?** ❺

사유리 : 용서해줄지도 몰라.

엄마 : 그래, 한 가지 물어봐도 될까?

사유리 : 응.

엄마 : **미유키는 네가 상처받을 줄 알고 말했을까? 아니면 어쩌다 보니 말이 나온 걸까?** ❻

사유리 : 상처주려고 말한 건 아닌 것 같아. 그래도 난 점이 신경 쓰이니까 너무 화가 났단 말이야.

엄마 : 그래서 둘이 싸웠구나?

사유리 : 응…….

이런 상황에서는 엄마가 아이의 말을 못마땅해하기보다 아이가 느끼는 현재의 감정을 받아들여줘라. ❶~❸ 그러면 아이는 엄마에게 진심을 말할 준비를 하게 되고 엄마에게 속마음을 털어놓게 된다. 위 대화에서도 엄마가 '사실은 친구와 사이좋게 지내고 싶은' 아이의 속마음을 끌어냄으로써 ❹ ❺ 아이에게 친구랑 있었던 일을 되돌아볼 기회를 주고 있다. ❻ 그러면 아이는 친구랑 싸운 이유를 객관적으로 파악할 수 있게 되고 둘이 싸운 게 친구의 잘못만은 아니었다는 것도 깨닫게 된다. 사람이 감정적일 때는 자신을 들여다보기가 쉽지 않다. 자신의 주장을 받아주는 사람이 있을 때 솔직하고 차분해지는 것이다.

[**코칭대화 one point**

아이가 친구의 험담을 할 때 "친구 욕하면 안 된다"고 타이르면 아이는 '엄마는 내 편이 아니구나' 싶어 기분이 상한다. 아이의 이야기를 들어주며 아이의 속마음이 무엇인지 끌어내보라.]

10 아이가 다쳤다면?

아이가 넘어지거나 다치면 엄마는 속상한 마음에 아이의 아픈 곳을 살피기보다 "대체 어쩌다 그랬어?" "어휴 속상해!" 하며 자신의 감정부터 내세운다. 그랬다간 아이는 아픈 것은 둘째치고 엄마의 그런 태도에 더 속이 상하고 만다. 자, 어떻게 하면 좋을까?

네 살 난 남자 아이 와타루는 엄마와 산책을 했는데 장난을 치다 넘어졌다고 한다. 그런데 아이가 그 자리에서 마구 울더라는 것이다. 와타루의 엄마는 사내 녀석이 좀 넘어졌다고 울기나 하고 앞으로 어떻게 세상을 살아갈지 걱정스러워 필자를 찾아왔다.

아이의 성장을 막는 ~~나쁜 대화~~

엄마 : 거 봐! 그러니까 똑바로 걸으라고 했지!❶

와타루 : (아픈 걸 참는 표정으로) ……..

엄마 : 얼른 일어나! 위험하잖아.❷

와타루 : (울기 시작한다) 아파!

엄마 : 아프긴 뭐가 아파. 이 정도도 못 참아?❸

와타루 : 아파!

엄마 : 다 쳐다보잖아. 남자가 울면 돼?❹

아이가 다치거나 넘어졌는데 아이를 야단치면❶❷ 아이는 놀란 데다 아프기도 하고 창피하기도 하고 여러 가지 감정이 복합적으로 밀려든다. 이때 엄마가 매몰차게 아이의 울음을 그치게 하려 해서도 안 된다.❸❹

아이가 느낀 억눌린 감정은 결코 지워지지 않고 가슴속에 그대로 응어리진다. 힘들 때도 울면 안 된다고 배운 아이는 점차 자신의 감정을 억누르게 된다. 뿐만 아니라 타인의 감정까지 느끼기 어렵게 될 수 있다. 감정을 억누를 것이 아니라 인정하는 것부터 시작하자.

아이를 두 배로 성장시키는 코칭대화

엄마 : (깜짝 놀라) 아, 와타루! (와타루를 본다) ❶

와타루 : (아픈 걸 참는 표정으로) …….

엄마 : 아프지? ❷

와타루 : (울기 시작한다) 아파!

엄마 : (와타루를 끌어 안으면서) 우리 와타루 아팠지? ❸ 엄마가 옆에 있으니까 괜찮아. ❹

와타루 : …….

이때는 놀란 아이를 안정시키는 게 급선무다. 엄마가 갑자기 말부터 꺼내는 것이 아니라 아이의 상태를 살펴보라. ❶ ❷ 그리고 아이의 말을 반복하면서 아이의 기분을 받아들이고 스킨십으로 아이의 기분에 공감해주는 것이 포인트다. ❸ ❹ 그러면 아이의 기분이 점차 안정된다. 또 그러면서 아프고 창피하다는 감정 그 자체를 지우는 것이 아니라, 감정이 존재하는 것도 알게 되고 자신의 감정에 솔직해지는 것도 배우게 된다. 나아가서 다른 사람의 감정도 소중히 여기는 아이로 자랄 수 있다.

> **코칭대화 one point**
>
> 아이가 넘어지거나 다쳤다면 아이를 안아주며 아이의 감정을 받아줘라. 그러면 아이는 자신의 감정에 솔직해지고 다른 사람의 감정을 헤아리는 사람으로 자랄 수 있다.

11 아이가 씻기 싫어한다면?

목욕, 이닦기, 세수……. 이런 거 좋아하는 아이들은 별로 없을 것이다. 매일같이 엄마는 "해라!" 아이는 "싫어"라는 대화가 반복되고 있을 텐데, 이런 아이들을 좀 더 잘 씻게 만드는 방법은 없을까? 아이들이 씻는 것만 혼자서 잘해도 엄마 일이 굉장히 줄어들 것이다.

유치원에 다니는 여섯 살 난 다케루와 네 살 난 마사루 엄마는 아이들이 잘 씻지 않는다고 푸념이었다. 자, 평소 아이들의 상황을 한번 보자.

아이의 성장을 막는 나쁜 대화

엄마 : 어머, 벌써 8시네. 둘 다 목욕할 시간이야!

두 아이, 대답하지 않고 계속 놀고 있다.

엄마 : 안 들리니? 목욕해야지! 그만 놀아!❶

다케루 : 오늘은 안 할래.

마사루 : 나도…….

엄마 : 무슨 소리야? 땀 많이 흘렸잖아!❷

다케루 : 땀 안 흘렸어!

엄마 : 둘 다 그만 해. 엄마 말 안 들으면 화낸다!❸

이렇게 되면 엄마는 아이들의 태도에 감정적으로 대응해 거의 협박을 하는 셈이다.❶~❸ 그러나 화를 내서 아이들을 씻게 만들어도 엄마도 아이도 불만만 쌓일 뿐이다. 관점을 바꿔 엄마와 아이가 좀 더 편안하게 대화를 할 필요가 있다.

아이를 두 배로 성장시키는 코칭대화

엄마 : 어머, 벌써 8시네. 목욕 시간이야! **둘 다 많이 놀아서 땀 흘렸으니까 깨끗이 씻자!**❶

다케루 : 오늘은 안 할래.

마사루 : 나도…….

엄마 : 음, 오늘은 밖에서 놀아 발도 더러워졌잖아. ❷ 그대로 자면 이불이 더러워져서 엄마는 싫은데. ❸

다케루 : …….

엄마 : 목욕탕에서 같이 놀자!

아이들은 좀처럼 움직이려고 하지 않는다.

엄마 : 그럼 엄마가 먼저 가 있을게. **다케루와 마사루 누가 빨리 옷 벗는지 한번 볼까?** ❹

다케루 : 내가 먼저!

마사루 : 잠깐만!

엄마가 감정적으로 대응하기보다 아이들에게 왜 목욕을 해야 하는지 알기 쉽게 이야기해주면 좋다. ❶ ❷ 그리고 'I메시지'로 엄마의 생각을 솔직하게 전달하라. ❸ 그래서 아이들의 마음이 조금 움직이면 '경쟁'을 시켜 아이들의 마음을 더욱 자극할 수 있다. ❹ 위 대화에서 '목욕은 귀찮다'고 여기던 아이들의 의식이 '목욕은 즐겁다'로 변했다. 게임이나 경쟁을 잘 활용하는 것도 좋은 성공 전략이다.

코칭대화 one point

아이들이 몸치장이나 씻기를 싫어하면 "누가 먼저 씻나 볼까?" 하는 말로 아이들끼리 경쟁을 시켜라. 아이들은 집중하고 경쟁하고 싶어 하는 심리가 있기 때문에, 씻는 것은 '귀찮은 것'이 아니라 '재미있는 놀이'라는 인식을 가지게 될 것이다.

12 아이가 "나는 못해"라고 말한다면?

아이들은 자기가 잘 못하는 일을 마주 대하면 불안이나 두려움, 열등감을 느끼기 쉽다. 그러다 보면 앞으로 나아가지 못하고 주춤거릴 텐데, 혹여 이런 아이에게 앞으로 나아가지 않는다고 면박을 주지는 않는지? 어른들도 자신이 잘 못하는 일을 하려면 어떻게 할지 몇 번씩 생각하거나 심호흡을 하는 등 마음의 준비가 필요하지 않은가.

운동을 잘 못하는 초등학교 3학년 남자 아이 마사루에게 운동회는 즐겁지 않은 행사다. 운동회 전날 마사루의 아빠는 격려차 마사루에게 말을 걸었는데 아이의 반응이 아빠를 더 답답하게 만들었다고 한다. 그때의 상황을 한번 보자.

아이의 성장을 막는 ~~나쁜 대화~~

아빠 : 왜 그래? 기운이 없네.

마사루 : 달리기 경주 싫어. 꼴지 할지도 몰라······.

아빠 : 꼴지는 좀 그렇다. 아직 달리지도 않았는데 그런 약한 소리 하면 어떡해? ❶

마사루 : 아빠, 내가 달리기 못하는 것 창피해?

아빠 : 아빠가 어떻게 생각하는 게 중요한 게 아니야. 널 위해서 달리는 거잖아? ❷

마사루 : ······.

아빠 : 그래도 아빠는 달리기 잘했으니까 너도 잘할 수 있을 거야. 열심히 해! ❸

마사루 : 연습해봤자 안 돼.

달리기에 두려움을 느껴 자신감을 잃은 아들에게 아빠는 자신의 기대감을 이야기하며 질타를 했다. ❶ 아이가 "아빠, 내가 달리기 못하는 것 창피해?"라고 묻는 것은, 아빠에게 "네가 달리기 잘 못해도 아빠는 네 편이야"라는 말을 듣고 싶은 것이다. 그런데도 아빠는 오로지 "열심히 해!"라는 격려를 한 셈이다. 아빠의 말에서 '빨리 달리는 것이 의미 있다'는 가치관을 읽을 수 있다. ❷ ❸ 이 말을 들은 아이는 더욱 부담감을 느끼고 아빠의 기대에 부응하지 못할까봐 불안할지도 모른다. 아이에게 열등감이 아니라 자신감을 심어주어야 한다.

아이를 두 배로 성장시키는 코칭대화

아빠 : 왜 그래? 기운이 없네.

마사루 : 달리기 경주 싫어. 꼴지 할지도 몰라…….

아빠 : 그런 생각 하고 있었어?

마사루 : 아빠, 내가 달리기 못하는 것 창피해?

아빠 : 아니야! 너는 그것 말고 다른 좋은 점이 많잖아. 책도 많이 읽고 아빠가 잘 못 읽는 한자도 많이 알고 있고 말이야. ❶

마사루 : 그런데 운동은 진짜 못해.

아빠 : 마사루, 잘 달리고 싶구나. 그럼, 빨리 달리려고 노력해 본 거 있어?

마사루 : 아니 없어. 달리기는 원래 잘 못하는데 뭐.

아빠 : 아빠가 뭐 하나 물어봐도 될까? 너, 어려운 한자는 처음부터 지금처럼 잘 읽었니? ❷

마사루 : 아니. 매일 공부했더니 조금씩 읽을 수 있게 됐지.

아빠 : 공부하니까 못 읽던 한자도 읽을 수 있게 됐지? 달리기도 똑같지 않을까? ❸

마사루 : 연습하면 빨라질까?

아빠 : 한자는 어땠는데?

마사루 : 연습하니까 됐어. 달리기도 지금부터 연습하면 될까?

아빠 : 그럼, 할 수 있고 말고. 마사루 화이팅!

마사루 : 고마워, 아빠.

　아이가 다소 자신이 없는 일을 해야 할 때는 아이의 다른 잘하는 점을 이야기해주면, 자신이 못하는 것에 얽매여 있던 아이의 관점을 바꾸어줄 수 있다. ❶ 아이의 자신감을 키우는 데는 자신의 강점을 되돌아보게 하는 것이 최고다. 위 대화에서도 아빠는 달리기를 잘 못한다는 아이의 생각을 바꾸어주기 위해 한자를 예로 들어 아이의 성공 체험을 끌어내고 있다. ❷❸ 부모가 아이의 강점에 초점을 맞춰 가능성을 믿어주면 아이는 스스로 의욕을 불러일으키고 자신감을 가지게 된다.

> ### 코칭대화 one point
> 아이가 평소 해보지 않은 일이나 잘 못하는 일 앞에서 주춤거릴 때는 아이의 성공 체험을 끌어내 아이에게 자신감을 불어넣어줘라. 그러면 아이는 부모의 기대에 부응해야 한다는 부담감에서 벗어나 훨씬 더 잘할 수 있게 된다.

13 아이의 성적이 올랐다면?

아이의 성적은 부모가 가장 신경 쓰는 문제다. 하지만 기대가 너무 지나치면 아이한테 부담을 주게 되고 그 때문에 부모 자식 간의 관계도 삐걱거릴 수 있다. 아이가 목표를 향해 나아갈 수 있도록 도와주려면 부모는 자신의 마음을 어떻게 전하고 응원해야 할까? 무엇보다 공부는 하루아침에 잘하게 되는 것이 아니니 꾸준히 지켜봐주는 자세가 필요하다.

초등학교 6학년인 료타는 곧 중학생이 되는데 요즘 공부하는 재미에 한창 빠져 있다고 한다. 료타는 전날 본 시험지를 엄마에게 보여줬는데, 료타가 못하던 과목에서 성적이 조금 올랐긴 하지만 엄마의 기대에는 미치지 못했다. 이때 엄마는 성적을 좀 더 바짝 올렸으면 하는 마음이 앞서겠지만, 아이를 너무 채찍질하면 아이가 넘어질 수도 있다. 아래 대화를 한번 보자.

아이의 성장을 막는 나쁜 대화

엄마 : 역시 수학이 문제구나.

료타 : 응. 하지만 저번 결과랑 비교해보면 10점이나 올랐어.

엄마 : 그렇네. 그래도 이대로는 안 돼. 안정권에는 못 미치잖아. 열심히 하고 있기는 한데……. ❶

료타 : …….

엄마 : 미치오는 어땠어? ❷

료타 : 이번엔 성적이 꽤 좋은가 봐.

엄마 : 정말? 열심히 안 하면 지겠다. ❸

료타 : (기분이 좋지 않은 듯) 미치오랑은 상관없잖아.

엄마 : …… 학원만으로는 안 되겠다. 수학만 개인 과외 할래? ❹

료타 : 싫어. 지금 이대로가 좋아.

엄마 : 지금이 가장 중요한 시기란 말이야. 이때 바짝 실력을 올려놔야 해. ❺

료타 : 엄마 맘대로 하지 마!

엄마 : 내 말대로 해. 모든 건 다 때가 있단 말야.

료타 : 내가 알아서 한다니까.

엄마 : 어쨌든 정신 바짝 차려.

　엄마는 아이의 노력이나 수학 점수가 올라간 성장을 인정하지 않고 있다. ❶ 더욱이 아이의 의욕을 불러일으킬 목적으로 친구 얘기까지 꺼냈다.❷❸ 하지만 아이는 오히려 친구와 비교당했다는 느낌뿐이었을 것이다. 또 앞으로의 공부방법에 대해서도 엄마는 자신의 판단만 앞세우고 있다.❹❺ '아이를 위한 최선'이라고 믿는지 모르지만, 이것은 '스스로 노력하고 싶다'는 아이의 의욕을 무시하는 것이 된다. 아이의 힘을 의심하지 말고 믿어주는 입장에서 응원해야 한다.

아이를 두 배로 성장시키는 코칭대화

엄마 : 국어도 사회도 열심히 했네. 아니, 수학도 성적이 올랐잖아!❶

료타 : 응. 10점 올랐어.

엄마 : 그래, 그래! 어떻게 했기에 성적이 이렇게나 올랐어?❷

료타 : 특별히 한 건 없고 수업 전에 예습을 조금 했을 뿐이야.

엄마 : 예습을 조금 했을뿐이라고? 그렇다면 엄마한테는 '아직 여유 있다, 더 잘할 수 있다'라고 들리는데?❸

료타 : 열심히 하면 더 오를 수 있을까?

엄마 : 네 생각은 어때?

료타 : 내가 마음먹기에 달린 것 같아.

엄마 : 도전해볼 거야? 어떻게 할래?❹

료타 : 열심히 해봐야지.

엄마 : 그래! 엄만 너라면 꼭 할 수 있을 거라고 믿어. ❺

이처럼 엄마가 다른 사람과 비교하지 않고 아이의 성장 자체를 인정하고 축복해야 한다. ❶ 더욱이 아이한테 어떤 노력을 했는지 물어보아 성장하게 된 계기를 스스로 생각하게 한다. ❷ 아이가 잘한 것을 확인시켜주면, 그 기억이 성장의 밑거름이 되어 앞으로는 더욱 자신감을 가지고 잘할 수 있게 된다. 또한 더 노력하고 싶어 하는 아이의 마음을 읽고 아이한테 그 점을 인식시켜 주는 게 중요하다. ❸ "학원에 가라"와 같은 지시가 아닌, 엄마의 의견을 밀어붙이지 않는 메시지일 때 아이의 의욕을 끌어낼 수 있다. 뿐만 아니라 아이의 가능성을 믿고 응원하면서 앞으로 무엇을 어떻게 할지는 아이의 판단에 맡겨야 한다. ❹ ❺ 아이는 스스로 하고 싶어야 자주성과 자신감이 생긴다. 그럴 때 옆에서 가능성을 믿고 응원해주는 엄마가 있다면 더없는 힘이 될 것이다.

코칭대화 one point

아이에게 경쟁심을 불러일으키려고 다른 아이와 성적을 비교하는 것은 금물이다. 스스로 노력하고 싶은 아이의 욕망을 꺾는 결과를 가져온다. 아이가 잘한 것을 확인시켜주면 아이는 더욱 큰 성장의 밑거름으로 삼을 수 있다.

 아이가 거짓말을 한다면?

아이가 물건을 망가뜨리는 것은 어느 집에서나 일어날 수 있는 흔한 일이다. 문제는 아이들이 엄마에게 혼날까봐 거짓말을 한다는 사실이다. 하지만 야단치는 게 능사는 아니다. 당신은 아이들의 사소한 거짓말에 어떻게 관여하고 있는가? 자칫 아이가 거짓말을 한다는 것보다 물건을 망쳤다는 것에 더 속상해하지는 않는지 잘 생각해봐야 한다.

미유키가 아이 방을 청소하다가 침대 밑에서 망가진 장난감 자동차를 발견했다. 미유키는 좀전까지 다섯 살 난 아들 노리오가 이 장난감을 가지고 놀던 것을 보았다고 한다. 그래서 노리오에게 왜 망가뜨렸는지 물었더니 노리오는 엄마에게 그만 거짓말을 했다.

아이의 성장을 막는 나쁜 대화

엄마 : (노리오에게 장난감을 보여주면서) 노리오, 이거 왜 이래?

노리오 : (불안해하며) 몰라.

엄마 : 모르긴 뭘 몰라? 망가졌잖아! ❶

노리오 : ······.

엄마 : 네가 망가뜨렸지? 왜 거짓말하는 거야? ❷

노리오, 아무 말없이 고개를 떨구고 있다.

엄마 : 자기가 망가뜨려놓고 거짓말하고. 엄만 그런 애 정말 싫어! ❸

노리오 : ······.

　엄마는 아이의 거짓말에 감정적으로 반응하며 책망을 늘어놓았다. ❶❷ 이런 엄마의 태도는 아이를 위축시키고 동요시키기만 할 뿐이다. 즉 아이가 반성할 시간을 빼앗는 결과가 되고 엄마 또한 아이를 거절하는 메시지를 전하게 된다. ❸ 아이는 엄마가 자신을 싫어한다는 말에 굉장한 충격을 받고 슬픔을 느낀다. 물건을 망가뜨려 혼났다는 기억만 남게 되면 앞으로 같은 일이 일어났을 때 또다시 거짓말을 하는 악순환이 되풀이될 수 있다. 그러므로 아이를 야단치는 게 능사는 아니다.

아이를 두 배로 성장시키는 코칭대화

엄마 : 노리오, 잠깐 얘기 좀 할래? ❶

노리오 : (불안한 듯) 뭔데?

엄마 : (장난감을 보여주면서) 침대 밑에서 이게 나왔네. 어떻게 된 거지? ❷

노리오 : 몰라.

엄마 : (차분하게) 장난감이 이유 없이 망가지지는 않지? ❸ 모르고 망가뜨린 건 어쩔 수 없어. 하지만 자기가 해놓고선 거짓말을 하면 자기도 주변 사람도 기분이 안 좋아지잖아. ❹

노리오 : ······.

엄마 : 엄마는 노리오가 사실대로 말해줬으면 좋겠네. ❺

노리오 : 엄마, 미안해. 있잖아······.

    엄마가 아이의 떳떳하지 못한 마음을 헤아리며 이야기를 끌어가야 한다. ❶~❸ 그러면 아이는 엄마의 말을 받아들이고 자신이 저지른 일을 똑바로 바라볼 수 있게 된다. 또한 해도 될 일과 안 될 일을 구별하고, 왜 해서는 안 되는지 침착하게 설명해주면 더욱 좋다. ❹ 그리고 'I메시지'로 바람직한 행동을 요구해보라. ❺ 혼나는 이유가 명쾌하므로 진심으로 반성하고 잘못을 인정하게 될 것이다. 화를 내야 말을 듣는 아이들은 혼나지 않기 위해 행동할 가능성이 있다.

[
  코칭대화 one point

  아이가 거짓말을 하면 해도 될 일과 안 될 일을 구별하고 왜 해서는 안 되는지 설명하라. 아이는 혼나는 이유가 명쾌하므로 진심으로 반성하게 된다.
]

15 아이의 행동이 느리다면?

집안일, 바깥일로 바쁜 부모가 매사에 느린 아이의 행동을 옆에서 보고 있으려면 인내심이 필요하다. 그러다 보면 자신도 모르게 짜증이 나 아이한테 뭐라고 하게 되는데, 자칫하면 아이에게 눈치를 보게 만들거나 불안감을 가져다줘 실수를 연발하게 만든다. 이런 경우, 당신이라면 어떻게 대응하는가?

다섯 살 난 메구미는 매일 밥을 늦게 먹어 엄마를 짜증스럽게 만든다. 아이가 행동이 굼뜨면 엄마는 짜증날 것이다. 아래의 대화를 보며 이런 경우 어떻게 하는 게 좋을지 한번 생각해보자.

아이의 성장을 막는 나쁜 대화

엄마 : 메구미, 빨리 먹어. ❶

메구미 : 아직 남았어.

엄마 : 왜 맨날 너만 이렇게 늦는 거야? 계속 말을 하니까 그렇지. ❷

메구미 : …….

엄마 : 아직 멀었어? 엄마가 일을 할 수가 없어. 이제 치운다? ❸

메구미 : 잠깐만! 이제 다 먹었어.

 엄마는 자신의 바쁜 상황에만 사로잡혀 일방적으로 아이를 재촉한 셈이다. ❶❸ 그리고 ❷와 같은 말로 아이가 밥을 늦게 먹는다고 비난까지 한 꼴이다. 아이는 그러면 당연히 '잠자코 빨리 먹어야 하는 것'으로 받아들인다. 정말로 아이에게 전달하고 싶은 메시지는 무엇인가? 어떻게 전달하는 것이 적절할까?

아이를 두 배로 성장시키는 코칭대화

엄마 : (메구미의 정면에 앉으면서) 메구미, 함박 스테이크 맛있어? ❶

메구미 : 응. 너무 맛있어.

엄마 : 다행이네. 메구미는 항상 얘기하면서 밥을 먹지? 그건 즐겁고 좋은

것 같아.❷

메구미 : 응.

엄마 : 그런데 말을 하면 먹는 시간이 많이 걸리잖아. 그러니까 이렇게 혼자서 늦게까지 먹어야 하지?❸ 그러면 엄마가 뒷정리를 못해 일이 늦어진단 말이야.❹ 조금만 더 빨리 먹으면 좋겠는데.❺ 애기는 밥 다 먹은 다음에도 천천히 할 수 있지?

메구미 : 응. 알았어.

 이 대화에서처럼 아이에게 행동이 굼뜨다고 핀잔을 주거나 재촉하기보다 아이가 말하기 편하게 이야기를 꺼내라.❶ 그리고 아이에게 지금 상황이 어떤지 살펴보게 하고❷❸ 문제점이 무엇인지 구체적으로 설명하라. ❹ 위 대화의 포인트는, 아이가 이야기하면서 식사하는 것이 나쁜 것이 아니라 아이의 행동이 주위에 미치는 영향을 명확하게 설명하는 것이다. 더욱이 아이에게 명령하지 않고 엄마의 희망 사항을 긍정적으로 전달하는 것도 좋다.❺ 이렇게 대화를 이끌어가면 아이는 자신과 주위 사람들과의 관계까지도 생각해보게 된다.

코칭대화 one point

아이들의 행동이 느리다고 재촉하면 아이는 자신을 비난하는 것으로 받아들인다. 아이의 이러한 행동은 나쁜 것은 아니지만, 주위 사람들에게 어떤 영향을 미치는지 구체적으로 설명해서 아이가 명확히 자신의 상황을 판단할 수 있도록 하는 게 중요하다.

16 아이가 친구들끼리만 놀러 가고 싶어 한다면?

아이들은 어느 정도 자라면 부모의 영향권에서 벗어나고 싶어 한다. 그것은 자립의 증거이기도 하지만 부모 입장에서 보면 한없이 불안하다. 아직 미숙한 부분이 많다는 생각이 드는 아이가 이런 반응을 보인다면 어떻게 해야 할까? 무조건 못하게 하는 게 능사가 아니다.

초등학교 6학년 여자 아이인 리카가 주말에 친구들과 시내 쇼핑센터에 놀러 가겠다고 해서 리카의 엄마는 걱정스러운 마음이 앞선다. 아이들은 한번 하겠다고 마음먹으면 좀처럼 마음을 돌리기가 쉽지 않은데 어떻게 대처하는 게 현명할까?

아이의 성장을 막는 나쁜 대화

리카 : 엄마, 이번 주 일요일에 친구들이랑 ○○쇼핑센터에 놀라가도 돼? 되지?

엄마 : 응? ○○쇼핑센터, △△시잖아. 지하철 타고 여기서 한 시간이나 걸리는 곳인데……. 안 돼, 안 돼! ❶

리카 : 왜 안 되는데?

엄마 : **안 돼! 애들끼리 시내에 나돌아다니면 위험해!** ❷

리카 : 조심할게. 괜찮아. 응? 제발…….

엄마 : 안 돼. 요즘 세상이 얼마나 무서운데, 애들이…….

리카 : 엄마, 우리끼리 꼭 붙어 다니면 되잖아.

엄마 : **그래도 안 돼. 다음에 엄마랑 같이 가자.** ❸

리카 : 싫어! 엄마랑 가는 거보다 친구들이랑 가는 게 더 재밌단 말야.

엄마 : (화가 나서) 그럼, 엄마도 모르겠다. 가든지 말든지 네 마음대로 해!

이럴 때 아이의 부탁을 즉석에서 거절하면 아이의 반발을 불러일으킨다. ❶ 그리고 위 대화에서도 엄마가 '위험하다'고 이유를 밝히지만 ❷ 아이는 이미 가고 싶은 마음이 강하기 때문에 별 설득력이 없다. 친구와 떠

나는 모험이 훨씬 매력적이라 아이는 엄마의 제안을 받아들일 수가 없는 것이다.❸

　이처럼 억지로 아이의 행동을 규제하면 아이에게 불만만 쌓일 뿐이다. 이럴 때는 엄마도 아이도 서로 받아들일 수 있는 방법을 찾아야 한다.

아이를 두 배로 성장시키는 코칭대화

리카 : 엄마, 이번 주 일요일에 친구들이랑 ○○쇼핑센터에 놀라가도 돼? 되지?

엄마 : 응? ○○쇼핑센터, △△시잖아. 뭐 하러 가는데?❶

리카 : 예쁜 캐릭터 상품을 파는 가게가 생겨서 보러 가려고. 가도 되지?

엄마 : 우리 리카, 캐릭터 상품 좋아하지?❷

리카 : 응! 가도 되지? 이번에 내가 좋아하는 거 아주 많이 나온다고 들었단 말이야.

엄마 : 가고 싶어 하는 마음은 알겠는데 여기서 너무 멀고, 요즘은 유괴사건도 많이 일어나니까 엄만 너무 걱정되는데?❸

리카 : 괜찮다니까!

엄마 : 어떻게 하면 엄마가 안심하고 보낼 수 있을까?❹

리카 : 엄마, 우리끼리 꼭 붙어 다니면 되잖아.

엄마 : 그래도 엄만 불안한걸.

리카 : 그럼 거기 도착해서 전화할게. 중간에도 전화하고 돌아올 때도 전화할게!

엄마 : 그럼, 전화 모두 세 번 하는 거다. 그리고 저녁 식사 하는 6시까지

돌아온다고 약속할 수 있어?❺

리카 : 약속할게.

  이 대화에서처럼, 엄마가 우선 아이의 말을 들어주며❶❷ 엄마가 곧바로 아이의 말에 찬성할 수 없는 이유와 엄마의 마음을 얘기하라.❸ 아이도 엄마가 자신의 기분을 헤아려줬다고 느끼기 때문에 엄마의 말을 받아들이게 된다. 더욱이 엄마가 아이와 의논하는 자세로 서로 받아들일 수 있는 방안을 찾게 하는 것도 현명한 자세다.❹ 뿐만 아니라 아이와 약속한 내용을 확인시켜주며 책임감을 지우는 것도 잊어서는 안 된다.❺ 아이의 의사를 인정해주는 것도 좋지만, 이처럼 자유에는 책임이 따른다는 것을 꼭 일깨워줘야 한다.

코칭대화 one point

아이가 부모의 영향권을 벗어나고 싶어 할 때, 엄마가 불안해서 거절하면 아이에겐 불만만 쌓인다. 아이와 어떻게 하면 좋을지 의논하는 자세로 받아들이면 아이는 책임감을 느껴 엄마와 한 약속을 지키게 된다.

코칭대화 아이의 상황별 기초 스킬

◯ 아이 앞에서 말이나 행동 조심하기

아이들은 어른들이 쓰는 말투나 행동을 그대로 따라하는 경우가 많다. 필자의 친구는 두 살인 아들이 "몇 번이나 말했잖아!" 하는 말을 듣고 가슴이 철렁했다고 한다. 친구가 가족들이나 아이에게 곧잘 쓰는 말인데 아이가 그대로 배운 것이다. 한 친구는 아이가 떼를 쓰면 엉덩이를 때리곤 했다. 그런데 어느 날 아들의 유치원 선생님한테 아들이 다른 아이들의 엉덩이를 때려서 문제라는 전화를 받았다고 한다.

이처럼 엄마가 쓰는 말버릇이나 행동은 아이의 말버릇이나 행동뿐 아니라 아이의 삶의 방식에까지 영향을 미칠 수 있으니 조심하도록 하자.

◯ 아이가 마음의 준비를 할 수 있는 전주곡 코멘트하기

아이를 야단치거나 무슨 말을 좀 해야겠다 싶으면 항상 아이한테 먼저 허락을 구하는 게 좋다. 전주곡에 해당하는 코멘트를 먼저 해서 아이가 마음의 준비를 할 수 있도록 하는 것이다. 예를 들어 아이한테 좀 심한 말을 할 땐 갑자기 "너, 왜 그랬어?" 하기보다 "엄마가 심한 말 좀 해도 돼?"라고 말하는 것이다. 그러면 아이가 충격을 덜 받는다.

공던지기 놀이를 할 때, 상대에게 공을 던진다는 말도 없이 느닷없이 공을 던지면 상대가 받을 준비를 못하고 있기 때문에 공을 못 받는 것과 같은 이치다. 때로는 상대가 날아오는 공을 피하지 못해 호되게 당할 수도 있다. 그런데 신기하게도 "심한 말 해도 돼?" 하고 허락을 구하면, 아이가 자신의 의사를 존중받았다는 느낌이 들기 때문에 좀 심한 말을 해도 반발심이 덜하다. 한마디에 불과한 이 말이 있고 없고에 따라 아이는 가볍게 받아들일 수도 커다란 충격이 될 수도 있음을 꼭 명심하자.

◎ 자신을 향한 '분노의 신호' 알아차리기

엄마들은 아이들 때문에 화가 난다고 생각하지만 정작 자기 자신 때문에 화가 난 것은 아닌지 잘 살펴보아야 한다. 필자의 클라이언트인 고바야시는 일하는 엄마였는데, 그녀는 아이한테 공격적으로 말하거나 지나치게 화를 내는 게 고민이어서 코칭을 의뢰해왔다. 때로는 말하지 말아야 될 것까지 아이한테 말해버려 아이의 기를 꺾어놓기도 한다는 것이었다.

그런 그녀에게 언제 분노의 감정을 가장 많이 느끼는지 물었더니 직장 일을 마치고 집에 와서 저녁 식사를 준비할 때 가장 짜증스럽다고 대답했다. "그때는 어떤 기분인가요?" 하고 묻자, 그녀는 "몸은 몸대로 피곤한데 이것도 해야 하고 저것도 해야 하고 괜스레 초조해요"라고 말했다. 그리고 그럴 때면 으레 아이한테 공격적이 된다고 했다. 즉 그녀의 초조한 감정이 분노의 스위치가 되었던 것이다.

그녀에게 그런 초조한 기분이 들 때면 심호흡을 하고 '아, 내가 지금 또 초조해하고 있구나. 계속 이러면 아이한테 또 공격적이 될 거야' 하고 자신을 객관적으로 바라보라고 했다. 그리고 '긴장을 풀자' '다른 방에 가야겠다'와 같이 자기 혼자 다스릴 수 있는 대비책도 세우라고 했다. 이를 실천한 결과, 아이한테 화내는 횟수도 훨씬 줄었고 아이도 예전같지 않게 살갑게 말을 걸어온다고 했다. 위 사례의 예처럼 지금 막 화가 난다면, 자신을 감싸고 있는 그 '분노의 신호'가 무엇 때문에 나타난 것인지 잘 생각해보자.

◎ 아이와 교환일기 주고받기

아이들은 부모가 자기를 보아주길 자신에게 관심을 가져주길 바란다. 아이들한테 그런 마음이 느껴지면 교환일기를 써보자고 제안해보라. 아이의 기분을 훨씬 잘 이해할 수 있을 것이다. 아이도 굉장히 만족스러워할 것이다. 필자는 글씨를 쓸 줄 알게 되었을 때부터 엄마와 편지를 계속 주고받았다. 지금 생각해보면, 내가 무슨 생각을 하고 있는지, 어떤 것에 마음을 쏟고 있는지 엄마가 알아주길 바랐던 것 같다. 그러다가 초등학교 3, 4학년쯤 되었을 때, 편지만으로는 왠지 아쉬워 엄마한테 교환일기를 쓰자고 제안했다. 교환일기라면 편지처럼 일방적으로 엄마한테 보내는 것이 아니라 엄마도 무슨 말인가를 써줄 것이라고 기대했기 때문이다.

그리곤 일기에 학교에서 있었던 일, 친구와의 싸움, 공부 등 별의별 것을 다 썼다. 엄마가 그런 나의 일기에 어떤 말을 써줄지 다 예상하면서……. 엄마가 써주는 말들은 정해진 멘트가 있었기 때문에 다 예상할 수 있었다. 예를 들어 친구와 말다툼을 하고 "엄마, 이럴 때 어떻게 하면 좋겠어?"라고 적으면, "친구가 이런저런 이야기를 하더라도 마유미는 신경 쓰지 말고 착하게 공부하렴"이라는 답변이 어김없이 적혀 있었다.

그 당시는 엄마의 이런 답변이 참 섭섭할 때도 있었다. 엄마가 내 기분을 알아주지 않고 "착한 아이가 되려무나" 하는 엄마의 이상만 잔뜩 적어놓았기 때문이다. 하지만 지금 돌이켜보면, 엄마의 관심을 붙들어두려는 내 일기는 엄마와 나의 마음을 연결해주는 메신저였던 셈이다.

● 우선 순위가 무엇인지 생각하기

요즘은 여성들의 사회 진출이 늘어나면서 일하는 엄마들이 많아졌다. 그런 만큼 아이들과 많이 놀아주지 못해서 고민인 엄마들도 많은데, 한정된 시간인 만큼 아이들을 마주 대하는 시간을 많이 가지는 게 중요하다.

살인사건을 일으킨 가해 소년의 어머니가 쓴 수기가 화제가 된 적이 있다. 이 어머니는 유능한 직장 여성이면서도 집안일도 빈틈없이 했다고 한다. 특히 아이들이 먹는 음식에 가장 신경을 써, 아무리 바빠도 저녁 식사 만큼은 인스턴트로 때우는 일이 없었다고 한다. 하지만 과거를 떠올리는 그녀의 말에는 후회가 가득했다. "경황없이 식사를 준비하고 있는데 아이가 말을 걸면 바쁘다고 매몰차게 대한 적이 한두 번이 아니었습니다. 지금 생각해보면 아이는 요리보다는 엄마와 이야기를 하고 싶었던 것이에요." 아이가 자식에게 몸에 좋은 것을 먹이고 싶은 생각으로 가득했던 엄마의 진심을 알아줬더라면 하는 안타까움이 전해졌다. 당신도 지금 당신과 아이에게 가장 중요한 것이 무엇인지 꼭 한번 생각해보기 바란다.

● 부정형보다는 긍정형 말투로 아이의 의욕 끌어내기

엄마가 부정형이 아닌 긍정형의 말투를 쓰면 아이도 별 거부감 없이 받아들인다. 예를 들어 장난감을 가지고 놀던 아이가 뒷정리를 해놓지 않았다고 해보자. 그때 엄마가 "왜 뒷정리를 안 해?" 하는 부정형의 말투를 쓰면 아이는 거부감이 들지만, "뒷정리 언제 할까?" 하는 긍정형의 말투를 쓰면 아이는 조르르 달려와서 뒷정리를 한다. 둘 다 질문의 형태를 띠고 있지만 전자는 아이를 생각하게 하기보다 다그치는 힐난으로 들린다. 그런 말을 들으면 아이는 그 순간, 뒷정리를 하지 못한 이유부터 찾기 시작한다. 반면, 후자의 질문은 아이가 하지 않았던 과거가 아니라 아이가 하게 될 미래에 초점이 맞춰져 있어, 엄마가 푸념이나 불만을 늘어놓는 것이 아니라 자신에게 무엇을 기대하고 바라고 있다고 생각한다.

"다른 집 아이들은 잘도 하던데 얘는 대체 왜 이럴까?" 이런 식의 푸념이나 불만은 말을 하는 엄마나 그 말을 듣는 아이 모두에게 불쾌감만 쌓이게 한다. 그보다는 "갖고 놀았던 건 다 깨끗하게 정리해" 같은 요망이나 "네가 정리해주니까 엄마가 한결 편한걸?" 같은 기대를 모으는 긍정형의 말투를 쓰면 아이의 의욕을 끌어낼 수 있다.

에필로그

당신을 응원하는
세 가지 바퀴

지금까지는 주로 '아이의 부모'인 당신에게 메시지를 전했다. 이제부터는 '당신 자신'에게로 눈을 돌려보자.

아이의 문제도 결국 당신 자신의 체험이나 가치관, 사고를 바탕으로 판단하는 것이니까. 그 기준은 사람마다 사뭇 다르다. 같은 아이를 놓고도 어떤 사람은 '건강하고 리더십이 있다'고 보는가 하면, 어떤 사람은 '제멋대로이고 말을 듣지 않는 아이'로 보는 사람도 있다. 즉 어른들 각자의 '마음의 거울'을 통해 좋은 아이로도 나쁜 아이로도 순종적인 아이로도 반항적인 아이로도 비춰진다. 따라서 '당신의 눈'을 잣대로 아이들을 섣불리 재단하려고 해서는 안 된다.

자, 이제 큰 거울을 하나 준비해보자. 그곳에 비친 자신을 똑바로 보기 바란다. "나는 나를 좋아해!" 당신 자신을 향해 이 말을 기꺼이 던질 수 있는가? "네, 정말 좋아합니다!" 하고 말할 수 있는 사람도 있겠지만 대부분은 "좋기도 하고 싫기도 하고"라고 대답할 것이다. 물론 "싫다"고 말하는 사람도 있을 것이다.

그렇다면 그 차이는 무엇일까? 답이 쉽게 생각나지 않더라도 꼭 한 번 진지하게 생각해보았으면 한다. 당신 자신을 스스로 인정하고 OK를 할 수 있어야 아이도 진정으로 자신을 사랑하고 긍정적으로 볼 수 있기 때문이다.

당신을 응원하는 세 가지 바퀴

자기 스스로가 대단해 보이고 만족스러웠던 경험이 누구에게나 있을 것이다. 일에서 비약적인 성과를 기록했을 때든 다른 사람에게 친절하게 대했을 때든 집안일을 아주 깨끗하게 했을 때든. 사람마다 차이는 있겠지만 만족감을 얻으려면 아래 세 가지가 충족되어야 한다.

- 자신이 정말로 하고 싶은 일을 하고 있다. 혹은 자신의 목표 실현을 위해 앞으로 나아가고 있다.
- 불안이나 걱정이 없다.
- 나를 응원해주는 사람(내 편이나 서포터)이 있다.

이 세 가지는 서로 긴밀하게 연결되어 있어 어느 하나가 빠지면 나머지 두 개가 흔들린다. 사람을 삼륜차에 비유해보면 이해가 쉬울 것이다. 삼륜차의 바퀴 하나가 망가지면 나머지 바퀴 두 개가 하중을 받는다. 그러면 전체 균형이 무너져 앞으로 나갈 수 없게 된다. 그럼, 이제 그 바퀴 하나하나를 살펴보자.

첫 번째 바퀴 : 자신이 정말로 하고 싶은 일을 하고 있는가?

목표나 꿈이 있으면 일상생활이 즐겁고 삶의 의욕과 기쁨이 넘친다. 목표를 가진 사람은 확실한 자기 중심이 있다. 그런데 자기가 해야 할 선택이나 결정에 대한 기준을 자신의 가치관이나 판단이 아닌 다른 것에서 찾는 사람도 많다. 이런 부류의 사람들은 자기가 '하고 싶다'고 생각하는 것보다 세상의 시선이나 상식, 매스컴 정보, 다른 사람의 충고로 좌지우지되는 경우가 많다.

이런 사람들은 본래 자기가 하고 싶은 일이 아닌 엉뚱한 곳에 에너지를 낭비하고 주위 사람들이 인정해주지 않으면 스스로도 인정하지 않게 된다. 그 결과, 설령 자신이 원하는 결과를 손에 쥐어도 기뻐하고 행복을 느끼지 못한다. 그리고 그러한 것에 익숙해지다 보면 나중에는 자신이 진정으로 바랐던 것이 무엇인지조차 잊어버린다. 이런 사람들은 자신을 어떻게 변화시키면 좋을까?

'해야 돼'가 아닌 '하고 싶다'를 선택하라 아래의 예에서 혹시 당신이 속하는 것이 있는가? 이 중 하나라도 해당사항이 있다면 당신은 자신이 아닌 다른 것에 당신의 인생을 맡기고 있다고 볼 수 있다.

[
- 노력해도 노력해도 채워지지 않는 느낌이다.
- 성공한 사람을 보면 부러울 뿐만 아니라 자신이 실망스럽고 불안해진다.
- 늘 피로감을 느끼고 새로운 일에 도전하고 싶은 의욕이 솟지 않는다.
]

필자도 예전에는 세상이 '좋다'고 하는 것에 나를 맞추려고 안간힘을 썼다. 진로를 선택할 때도 부모님이 얼마나 기뻐할지, 주위 사람들이 어떻게 생각할지를 항상 먼저 의식했다. 또 나의 성장과 발전을 순수하게 기뻐할 줄도 몰랐다. 주위에서 인정받아야 나에게도 비로소 OK를 주었다. 그러다 보니 행복의 꼬리를 쫓아 빙빙 도는 개와 같이 아무리 노력해도 마음이 채워지지 않고 불안했다.

이런 부류의 사람들은 "일도 살림도 다 잘해야지" "이 일을 오늘 꼭 해야 하는데……" "아이한테 이걸 가르쳐주지 않으면 안 되는데……" 하는 생각에 늘 사로잡혀 있다. 그렇지만 한발 물러서서 생각할 여유를 가져보자. 그 일들은 정말로 '당신이 꼭 해야 할' 일인가? 당신에게 그것을 '해야 한다'고 강요하는 사람은 누구인가? '해야 할 일'을 잠시 제쳐두고 당신이 '하고 싶은 일'을 해보는 건 어떤가? 그 일이 어떤 것이든 상관없다.

행복의 기준을 내 안에 두어야 나의 목표를 향해 내 보폭에 맞게 나아갈 수 있다. 그 노력의 과정은 고통이라기보다는 나를 확인하는 과정일 것이며, 그 첫걸음은 있는 그대로의 '나'를 솔직하게 바라보는 것이다.

마음의 목소리에 귀를 기울여라 아래의 질문은 있는 그대로의 '나'에게 다가가기 위한 여정이다. 종이와 펜을 준비해 아래 질문에 대한 답을 자유롭게 써보자. 누구에게 보여주는 것이 아니니 자유롭고 솔직하게 써보자.

- 당신이 정말로 하고 싶은 것은 무엇인가?
- 당신은 무엇을 하고 있을 때 행복을 느끼는가?
- 어떻게 살고 싶은가?
- 지금 당장 하고 싶은 것을 행동으로 옮길 수 있는가?
- 행동하지 못한다면 무엇 때문인가?
- 당신은 지금 어떤 기분인가?

어떤가? 있는 그대로의 '나'를 바라보려면 상당한 용기가 필요할 것이다. 설령 당신이 원하는 일이 주위 사람들의 환영을 못 받을 수도 있다. 그래도 괜찮다. 용기를 가지고 꾸준히 하다 보면 언젠가는 주위 사람들도 인정할 것이다.

지금의 자신에게 OK하라 감정을 억누르다 보면 그 억눌린 감정이 거대한 에너지가 되어 언젠가는 폭발한다. '아이한테 좋은 엄마가 돼야 할 텐데…….' 그동안 당신이 항상 이 생각에 시달려왔다면, 반대급부로 '아이 때문에 나를 희생했'는 불평불만이 자기 속에 가득할 수도 있다.

솔직하게 "아이 키우는 게 힘들고 벅차다"고 말해도 누가 뭐라 할 사람은 없다. 차라리 그 편이 자신의 감정을 다스리기가 더 편하다. '싫다'고 느끼는 것에 대해 죄책감에 시달릴 이유도 없다. 설사 매를 들고 아이를 때렸다고 해도 당신은 엄마 자격이 없는 것이 아니라 엄마로서 해야 할 일에 최선을 다한 것이다. 자녀 양육에 정답은 없다. 누구나 시행착오를 겪고 실수를 하고 후회하기 마련이다. 지금 이 순간 열심히 살고 있는 자신에게 OK를 주자.

당신을 건강하게 해주는 에너지원을 찾아라 "내가 정말로 하고 싶은 게 무엇인지, 목표가 무엇인지 곧바로 떠오르지 않아요." 이렇게 말하는 사람도 있을 것이다. 그래도 괜찮다. 서두를 것은 없다. 또한 하고 싶은 것이 거창한 것이 아니어도 좋다. 아무리 사소한 것이라도 OK를 해보라.

필자의 지인은 그녀의 건강 비결이 '일 년에 몇 번 다카라즈카의 가극 공연을 보러 가는 것'이라고 한다. 화려한 스타, 휘황찬란한 의상, 드라마틱한 스토리……. 이런 것들에 푹 빠져 있다 보면 어느새 현실을 잊어버리고 넘치는 에너지를 잔뜩 받아 온다는 것이다. 그리고 자신이 공연을 보러 가는 것을 지지해준 가족들이 고마워 공연을 보고 오면 가족들한테 잘하게 된다는 것이다.

꼭 공연이 아니더라도 갓 뽑은 커피와 케이크를 즐기는 것도 좋고 좋아하는 배우가 출연하는 영화를 보러 가는 것도 좋다. 또 자연이 살아 숨쉬는 야산을 산책하는 것, 구두를 새로 사는 것, 미용실에서 정성스럽게 헤어 마사지를 받는 것도 좋다.

이 외에도 많이 있을 텐데 그중 하나를 선택해 지금 당장 시작해보라. 처음에 세운 계획대로 실행하지 못했다면 중간에 궤도 수정을 하는 것도 좋다. 예를 들어 야산을 산책하고 싶었는데 근처 공원을 산책하러 가는 것도 좋다. 일상탈출의 기쁨, 그것을 만끽할 수 있는 것이라면 어느 것이라도 좋다. 이런 작은 행동이 큰 변화를 가져온다는 사실을 잊지 마라.

두 번째 바퀴 : '불안' 이나 '고민' 은 없는가?

말귀를 잘 못 알아듣는 아이들은 말보다도 자신이 느끼는 분위기에 민감하다. 그러므로 엄마의 표정이나 태도가 특히 중요하다. '아이를 이렇게 만들어야지' 하는 강박관념보다, 우선은 엄마 자신이 매일매일 즐겁게 살고 있는지 체크해야 한다. 아이는 부모를 비추는 '거울' 이다. 행복한 엄마 밑에서 행복한 아이가 나오는 법이다. 또 엄마는 아이가 무럭무럭, 쑥쑥 잘 성장하고 있을 때 비로소 행복으로 가득 찬다. 행복한 엄마가 되는 비결을 한번 보자.

마음의 에너지를 낭비하지 마라 자신이 하고 싶은 목표를 설정해서 '자, 전진!' 하고 채찍질을 해도 왠지 힘이 나지 않을 때가 있다. 그럴 때는 마음에 걱정이나 불안이 없는지 생각해보라. 공에 뚫린 작은 구멍이 서서히 공기를 빼듯 그러한 것들로 인해 당신의 의욕이 폭삭 가라앉을 수도 있다.

그것은 방이 어질러져 있다, 친구에게 빌린 책을 오랫동안 돌려주지 않았다, 충치를 치료하러 가지 않았다, 비만이라고 진단받았는데 단것을 계속 먹고 있다 등과 같은 사소한 것일 수도 있다. 아니면 골 깊은 인간관계의 갈등처럼 심각한 것일 수도 있다. 특히 인간관계의 갈등이 그 원인이라면 이는 혼자서 풀 수 있는 문제가 아니므로 그것을 해소하는 데 많은 시간과 용기가 필요할 수도 있다.

부모님과의 관계 때문에 고민하는 사람도 많다. 부모님 몰래 빚을 진 삼십 대 여성이 있었는데 그것을 부모님께 말씀드리지 못해 마음이 편치 않았다. 그녀는 사춘기 무렵부터 '부모님은 나를 이해하지 못해. 내 편이 아니다'라고 생각하며 살았다. 그랬기에 늘 '빚진 게 발각되면 절대로 용서받을 수 없을 거야. 아마 집에서 쫓겨나고 말 거야. 무슨 좋은 방법이 없을까?' 하는 생각을 하며 노심초사했다.

하지만 몇 번의 코칭을 받고 그녀는 부모님께 모든 것을 털어놓지 않으면 자신의 고민은 해결되지 못할 것이라는 결론을 내렸다. 그녀는 최악의 결과를 각오하면서 부모님에게 있는 그대로를 얘기했다. 그런데 뜻밖에도 그녀의 부모님은 화내고 꾸짖기는커녕 "그런 일이 있었구나. 진작에 말을 하지 그랬니"라며 안타까워했다고 한다. 그녀는 처음으로 자신이 부모님을 오해하고 있었다는 것을 알았다고 한다. '혼자가 아니야. 부모님은 내 편이야. 용기를 내서 고백하길 정말 잘했어!' 걱정거리가 해소되어 목소리까지 밝아진 그녀의 마음은 감사와 자신감으로 가득했다.

그후 그녀는 몰라보게 달라졌다. 네트워크를 만들어 인간관계를 넓히고 멀어졌던 주위 사람들에게도 자연스레 다가갔다. 마지막 코칭 시간에 그녀는 "예전에는 제 자신이 정말 싫었어요. 그런데 지금은 이런 제가 사랑스러워요" 하는 말까지 했다.

그녀를 통해 필자는 마음의 에너지 낭비를 하지 않는 것이 얼마나 사람을 강하게 만드는지를 실감했다.

자신과 부모의 관계를 되돌아보라 어릴 때 부모에게 받은 상처를 껴안고 사는 사람도 많다. 그것은 시간이 흐른다고 저절로 해결되는 것은 아니다. 필자는 그런 고민을 안고 있는 클라이언트들을 많이 만나면서 아이들의 성장기에 부모가 얼마나 많은 영향을 미치는지 절실히 깨달았다. 내 편이라고 믿었던 부모가 나를 인정해주지 않는다면 아이는 어떤 경우라도 자신감을 가질 수 없다.

어릴 때부터 공부를 잘해서 일류 대학을 졸업하고 지금은 프리랜스 기자로 활동하고 있는 여성이 있다. 그녀는 초등학생 여자 아이의 엄마인데 어느 날 뜻밖에도 이런 고백을 해왔다. "나는 자신감이 없어요. 내 자신을 인정할 수 없어요." 무엇보다도 활기차고 밝은 성격을 가진 그녀였기에 필자의 놀라움은 더욱 컸다.

그녀의 어릴 적 이야기를 들려달라고 했더니, 그녀는 학교 성적이 늘 좋았는데도 부모님에게 단 한 번도 칭찬을 받아본 적이 없다고 했다. 다 커서도 늘 '나는 부모에게 사랑받지 못했어. 인정받지 못한 거야' 하는 마음을 떨칠 수가 없었던 것이다. 그래서 주위 사람들에게 인정받으려고 늘 애를 썼지만 아무리 노력해도 만족할 수가 없었다. 이런 그녀와 필자의 코칭대화는 다음과 같이 계속 진행되었다.

"나는 부모님께 사랑받지 못했던 것 같아요. 저의 이런 마음을 부모님께 전하고 제가 받은 상처에 대해 부모님께 사과받고 싶어요."
"부모님께 사과를 받으면 어떻게 될 거 같은가요?"
"부모님을 용서하고 마음도 편안해질 것 같아요."
"부모님이 사과하지 않으시면 어떻게 할 건가요?"
"아, 그건 생각하기도 싫어요. 끔찍해요."

그녀는 부모에 대한 불만을 말했지만 부모를 생각하는 마음도 컸다. 필자는 그녀의 그런 속마음을 읽으면서 다시 질문했다. "부모님은 당신을 정말로 소중히 여기지 않았을까요? 당시 어머님의 상황은 어땠나요? 부모님의 사랑을 느낀 적이 단 한 번도 없나요? 있다면 언제인가요?" 그러자 많은 대답들이 쏟아졌다. 너무 이른 나이에 '엄마'가 된 젊은 엄마로서의 압박감, 그녀가 학교에서 왕따를 당했을 때 필사적으로 지켜주려 했던 아버지, 그녀의 생일날 근사한 생일상을 차려준 엄마, 회사를 쉬면서까지 대학 입학 고사장에 따라와준 아버지…….

시간이 흐르자 그녀는 다행스럽게도 스스로 다음과 같은 결론을 내렸다. "부모님이 나를 인정하지 않은 것이 아니었구나. 부모님 나름의 방식대로 나를 힘껏 응원했구나." 이런 생각이 들자, 그녀는 집에 가서 어머니께 그동안 자신이 오해를 했었고 그로 인해 본인도 무척 괴로웠노라 털어놓았다. 그러자 어머니가 "엄마가 정말로 나빴다. 아무것도 몰라서 그저 열심히 길렀는데 너에게는 너무 엄격했구나"라는 말을 했다고 한다. 그 말을 듣는 순간, 그녀의 괴로움도 눈 녹듯 한순간에 사라졌다고 한다.

그녀는 "나는 불완전하면서 부모님은 완전하기를 바랐던 것 같아요. 그것을 깨닫고 나니 기분이 너무 편해졌어요"라고 말했다. 자식을 인정하지 않는 부모는 없다. 다만 표현 방법이 다를 뿐이다. 부모도 불완전한 존재라는 사실을 염두에 두자.

세 번째 바퀴 : 자기 편 서포터가 있는가?

위의 두 가지 방법으로도 효과가 없다면 당신 편에서 당신을 온전히 서포터해주는 사람을 만드는 것도 효과적이다. 당신을 인정하고 받아들이고 응원해주는 사람이 있다는 것은 에너지의 순환 시스템을 가지는 것과 마찬가지다.

그렇다면 당신은 어떤가? 당신이 진심으로 신뢰할 수 있고 뭐든지 이야기할 수 있는 사람이 있는가? '있다'고 대답할 수 있다면 당신도 그의 존재를 소중히 여겨야 한다. '없다'라면 당신이 누군가의 서포터가 되어주는 것도 좋다.

당신이 자신의 인생을 사랑하고 목표를 향해 스스로 나아가고 책임과 기쁨을 안고 살아간다면 자기 인생의 주역으로 살고 있다는 뜻이다. 그런 당신은 아이에게 '자립이 어떤 것인지'를 손수 보여주는 최고의 모델이 될 것이다. 그리고 그 과정에서 당신은 '아이의 인생은 아이의 것'이라는 자연스러운 진리를 터득할 것이다. 당신은 아이에게 최고의 코치, 바로 곁에서 서포트하는 존재이다. 당신이 아이를 인정하고 서포트해줄 때, 비로소 아이도 당신을 쳐다볼 것이다. 아이를 인정해주면 엄마도 인정받는다는 사실을 언제나 명심하길 바란다.

지금부터도 늦지 않았다

요즘은 인터넷에 육아에 관한 정보가 넘쳐나고 있다. 그래도 엄마들은 오히려 예전보다 육아에 대한 불안감을 더 많이 느낀다. 핵가족화의 진전으로 아이 문제를 수시로 상담할 어른들이 바로 곁에 없다 보니 불안한 마음이 더한 듯하다. 하지만 앞에서 말했듯이, 필자의 부모 역시 실패투성이 육아법으로 필자를 키웠다. 필자 역시도 부모의 언동에 숱하게 상처받으면서 불만을 안은 채 자랐다. 그래도 지금은 스스로 나의 길을 개척하고 꿋꿋하게 나의 인생을 살아가는 사람이 되었다.

'실패해서는 절대 안 돼!' 혹여 당신의 이런 강박관념 때문에 아이 키우기가 더욱 힘든 건 아닐지? 육아는 아이와 함께하는 것이다. 엄마만 발을 동동 구르며 노력한다고 되는 게 아니다.

오늘도 수많은 시행착오를 겪으면서 날마다 아이들과 씨름하고 있는 엄마들에게 당부하고 싶은 말이 있다. 육아가 지치고 힘겨워도 절대로 자신을 탓하지 말라는 것이다. 무조건 당신을 인정해라. 당신은 충분히 노력하고 있다.

아이 양육에 단 하나의 정답이 있을 수는 없다. 단, 지금의 방식이 아이한테 통하지 않는다면, 다른 여러 방식 중에 하나를 새롭게 시도해볼 기회라고 생각해라. 이 책도 그중의 하나가 되기를 바라며, 마지막으로 일본 작가 시마무라 고진(下村湖人)의 《지로 이야기(次郎物語)》를 소개하겠다. '인간의 성장이란 무엇인가'를 다시 한번 생각하게 해주는 작품으로, 육아의 무궁무진한 가능성을 보여주고 엄마가 아이를 어떻게 대해야 하는가에 대한 힌트도 많이 얻을 수 있다.

주인공 지로는 어릴 적에 친부모와 헤어져 어떤 집 수양 아들로 자란다. 이후 성장한 지로는 친가로 돌아가지만, 자랐던 곳과 환경도 다르고 자신을 괴롭히는 할머니도 있어 친가에 적응하지 못한다. 지로의 어머니는 가족에게 마음을 열지 않고 장난만 일삼는 지로를 나름대로 가르치려고 때려도 보고 좋은 말로 타일러도 보며 온갖 애를 쓴다. 하지만 지로는 그런 어머니의 사랑을 간섭으로만 여겼다. 어머니가 지로를 꾸짖으면 꾸짖을수록 지로의 반발심은 더해갔고, 지로는 외로움을 달래기 위해 더욱 문제아가 되어갔다. 이렇게 어머니와 아들은 서로를 받아들이지 못한 채 세월만 흘러갔다.

하지만 어머니가 병에 걸리면서 둘의 관계는 새로운 전환점을 맞게 된다. 어머니의 간병을 맡은 지로가 어머니를 극진히 간호한 것이다. 어머니는 그런 아들의 모습에서 따뜻함을 느끼며 지로에게 진심으로 고마움을 전한다. 지로도 자신이 어머니를 위해 무언가 할 수 있고 힘이 될 수 있다는 것에 감격해한다.

그리고 지로의 어머니는 그제야 왜 지금까지 지로와 잘 지내지 못했는지 깨닫게 된다. '아이는 올바른 것만 가르친다고 되는 게 아니다.' '아이도 개성이 있어 그것을 믿어주고 인정주어야 하는구나.' 어머니의 이런 마음을 느낀 지로는 지금까지와는 달리 어머니께 상냥하고 든든한 아들로 다가선다. 어머니의 존재가 아이에게 얼마나 중요한지, 아이가 얼마나 어머니를 필요로 하는지 잘 보여주고 있는 것이다.

'아이는 그저 예뻐해주면 되는구나.' 지로의 어머니가 저세상으로 떠나기 전에 남긴 말이다. 이 짧은 한마디 속에 육아에서 제일 소중하다고 할 수 있는 포인트가 담겨 있다.

　어머니가 운명하기 전 그 짧은 기간 동안, 비로소 두 사람은 모자 간의 정을 나눌 수 있었다. 하지만 그때 느낀 어머니의 그 짧은 사랑은 지로의 인생에서 큰 버팀목이 되어준다. '육아에서 늦은 때란 없다'는 것을 다시 한번 일깨워주는 이야기다.

　이 책은 이 세상 모든 엄마들에게 바라는 마음이자 엄마들을 향한 응원의 메시지이기도 하다. 이 책을 읽은 모든 엄마들이여, 지금부터라도 늦지 않았으니 더 이상 자신을 탓하지 말고 자신 있게 아이들을 대해보길 바란다.

초판 인쇄	2008년 2월 25일
초판 발행	2008년 3월 5일

지은이	고무라사키 마유미
옮긴이	마리북스 편집부

발행인	정은영
책임편집	최향금
마케팅	유경원
디자인	디자인 붐
일러스트	정구미
펴낸곳	마리북스
출판등록	2007년 4월 4일 제300-2007-58호

주소	서울시 종로구 내수동 75 용비어천가 914호
전화	02) 2195-5374
팩스	02) 2195-5376
출력	스크린출력
찍은곳	서정문화인쇄사

ISBN	978-89-959965-3-9　13590

* 이 책은 마리북스가 저작권자와의 계약에 따라 발행한 것이므로
　본사의 허락 없이는 어떠한 형태나 수단으로도 이용하지 못합니다.
* 잘못된 책은 바꿔드립니다.
* 가격은 뒤표지에 있습니다.